es 1631
edition suhrkamp
Neue Folge Band 631

Versprechen auf Deutsch bietet die erweiterte Version der Rede, die Peter Sloterdijk in einer Matinee der Münchner Kammerspiele am Sonntag, dem 10. Dezember 1989, gehalten hat. Es versteht sich von selbst, daß die dramatischen Vorgänge des November 1989 den Bezugsrahmen für sämtliche Aussagen des vorliegenden Textes bilden. Die aktuellen Ereignisse haben es unvermeidlich gemacht, diese Rede *über* das eigene Land als Rede *an* die deutsche Nation vorzutragen. Eine solche Adressierung folgt nicht so sehr dem fragwürdigen rhetorischen Vorbild Fichtes; sie ergibt sich vielmehr aus den Überlegungen des Autors über den Zusammenhang zwischen Sprache und Nationalität. Die historischen Umstände von 1989 sind nicht weniger bemerkenswert als die von 1808. Aber es liegt heute in der Natur der Sache, daß man sich *an* die Angehörigen einer wieder unruhig gewordenen Nation wenden muß, um etwas *über* sie zu sagen.

Von Peter Sloterdijk, der 1983 mit der *Kritik der zynischen Vernunft* (es 1099) hervortrat, erschien zuletzt: *Eurotaoismus* (es 1450).

Inhalt

Vorbemerkung 7

1. Landeskundliche Bemerkung zu den jüngsten deutschen Tränen 9

2. Über den Anfang vom Ende der Nachkriegszeit 16

3. Aus der Geschichte des deutschen Schweigens 35

4. Landeskunde von oben und innen
   Zur Einführung in die Theorie der allgemeinen Einwanderung 53

5. Weissagung auf Deutsch 68

*Mein Vater, mein Vater und hörest du nicht,
Was Erlenkönig mir leise verspricht? –*

Vorbemerkung

Der folgende Text bietet die erweiterte Version der Rede, die der Autor in einer Matinee der Münchner Kammerspiele am Sonntag, dem 10. Dezember 1989, gehalten hat. Die Abschnitte eins, zwei und fünf entsprechen annähernd dem Wortlaut des Vortrages, die Abschnitte drei und vier werden hier zum erstenmal vorgelegt. Es versteht sich von selbst, daß die dramatischen Vorgänge des November 1989 den Bezugsrahmen für sämtliche Aussagen des vorliegenden Textes bilden. Die aktuellen Ereignisse haben es unvermeidlich gemacht, diese Rede *über* das eigene Land als Rede *an* die deutsche Nation vorzutragen. Eine solche Adressierung folgt nicht so sehr dem fragwürdigen rhetorischen Vorbild Fichtes; sie ergibt sich vielmehr aus den Überlegungen des Autors über den Zusammenhang zwischen Sprache und Nationalität. Die historischen Umstände von 1989 sind nicht weniger bemerkenswert als die von 1808. Aber es liegt heute in der Natur der Sache, daß man sich *an* die Angehörigen einer wieder unruhig gewordenen Nation wenden muß, um etwas *über* sie zu sagen.

1. Landeskundliche Bemerkung zu den jüngsten deutschen Tränen

Wie die meisten Zeitgenossen, meine Damen und Herren, habe ich bis vor kurzem in der diffusen Annahme gelebt, daß Deutschland als Schlagzeilenland zu meinen Lebzeiten nicht in Frage kommt, und wenn doch, so nur im schlimmen, beunruhigenden Sinn. Es war bekannt: einen Staat zu bilden war nie die Stärke dieser Nation, die seit Hus, seit Luther, seit Karl V., seit Wallenstein in einer furchterregenden Formschwäche durch die Jahrhunderte driftet. Bekannt war auch: man hatte meistens Grund zum Mißtrauen oder zur Emigration, wenn hier die vaterländischen Töne laut wurden; man ging diesem Land besser aus dem Weg, wenn das deutsche Gemüt sich an die Brust schlug, um ins Feld zu ziehen, und wenn das Selbstgefühl der Deutschen sich als weltgeschichtlicher Schwellkörper den Rivalenvölkern entgegenstellte. Es schien zur nationalen Konstante geworden, daß in deutschen Begeisterungen ein Zuwenig an Großzügigkeit für die übrige Welt, in deutschen Tränen ein Zuviel an rachsüchtigem Selbstmitleid enthalten sein müsse. Darum war es richtig, als diese emotionsgestörte Nation nach 1945 sich in ein kühles und graues Land verwandelte, in ein Land ohne Pathos, von Tränen und Begeisterung gleich weit entfernt. Wir hatten Gründe genug, uns für einen schwierigen Fall zu halten, und wußten, daß Kurzschlüsse zwischen Politik und Rührung das letzte wären, was diesem konvulsivischen und zwanghaften Volk weiterhelfen könnte. Als Sonderschüler der Moderne haben wir gelernt, national auf Zehenspitzen zu laufen. Wenn vom einstigen völkischen Größenwahn noch Reste übrig sein sollten, so wären sie eingeflossen in den Ehrgeiz, das auserwählte Volk der politischen Unauffälligkeit zu sein. Wer, wenn nicht wir, hatte denn das matte Leuchten, das aus der selbstgewollten Mittelmäßigkeit kommt, diese Behaglichkeit im Schuldigsein, diese Spannkraft in der Selbstbezichtigung, diese Sattheit in der Beschämung und diese aggressive Reserve gegen Überdurchschnittliches? Aber man konnte, man mußte immer wissen, daß diese mutwillige Mediokrität der Deutschen noch eine Pointe in sich verbarg und daß die nationale Verhaltenheit nur ein Zögern vor zu großen und vorerst unlösbaren Fragen enthielt. Die problematische Nation *par excellence* schlich – auf leisen Sohlen, wie es auf Deutsch heißt – an sich selbst und ihrem bloßen Dasein vorbei. Seit vierzig Jahren haben die guten Ohren in Europa dieses deutsche Schleichen im weltpolitischen Raum vernommen – auch durch den allgemeinen Ost-West-Lärm hindurch; sie horchten gebannt auf das Rumoren eines politischen Gespenstes, das nie wirklich aufgehört hat, im Flüsterton über die Lage und Rolle der Länder in Europas Mitte zu reden. Seit anderthalb Generationen standen, wie wir wissen, die mitteleuropäischen Dinge insgesamt so schief, so verworren, so entstellt, daß der halbe Kontinent, wie unter einer Glocke aus Selbstfremdheit und Resignation, sich seine wichtigsten Daseinsfragen vor sich selber verbarg – durch Entmutigung deklassiert. Ostmitteleuropa schien sich damit abgefunden zu haben, unter cachierten

Resten von Besatzungsrecht zu leben und ferne Kriegsschulden abzudienen. Besonders die Bürger der DDR leisteten beim Aufbau eines preußischen Sozialismus Erstaunliches; sie verhielten sich, als wollten sie Oswald Spengler nachträglich in den Rang eines deutschen Propheten erheben. Sie haben ihr Land gegen den Westen verschalt, die Adenauer-Metapher Ostblock mit real existierendem Beton ausgegossen, haben das Wesen der Nation als geschlossene Gesinnungsanstalt definiert. Auf diese Weise leisteten sie ihren Beitrag zur Rücknahme des ungesunden deutschen Überschwangs aus der Weltpolitik. Die gesamtdeutsche Abkühlung und die mitteleuropäische Selbstvermeidung waren vielleicht geschichtlich notwendige Vorsichtsmaßregeln im Umgang mit unter den gegebenen Umständen unlösbar großen Fragen. Wenn Probleme zu groß werden, dann wächst die Neigung zuzugeben, daß klein schön ist. Das deutsche Syndrom der Zeit nach 1945 ist diese Andachtsübung vor dem Feststehenden, dieses Sichzurverfügunghalten für das Übermächtige, dieses Vorwärts und viel Vergessen und diese neu erworbene Normalität im Alltag zweier Gesellschaften, in denen der Leistungswille fast durchwegs die offizielle Form einer subtilen Verwahrlosung wurde. Es wollte aussehen, als sei die deutsche Frage für immer suspendiert; eine Endform von Vorläufigkeit schien erreicht; die Stabilität in der Abstumpfung fand den Konsensus der meisten. Deutsche Normalität – das klang im Westen wie ein Synonym für Tourismus und immerwährende Zahlungsbilanzüberschüsse; das war im Osten gleichbedeutend mit erloschenen Gesichtern von Grenzposten, die das alkoholisch-athletische Reich des verwirklichten Sozialismus vor dem Überlaufen schützten.

Jetzt gibt es plötzlich neue Tatsachen. Die deutschen Dinge, mit Fichte zu reden, haben sich bewegt und werden bewegend. Über die Bildschirme der fernsehenden Welt rollten Tränen, deren sich, zum allgemeinen Erstaunen, niemand zu schämen hatte und die trotz notwendiger Skepsis jenseits übler Nachreden bleiben. Seit vierzig Jahren sind Deutsche im nichtbetrunkenen Zustand anerkanntermaßen fähig, sich überall zusammenzunehmen – man könnte Zusammengenommenheit als nationales Existential in jedes neuere deutsche Wörterbuch der Philosophie eintragen. Doch inzwischen haben die Ereignisse unseren psychopolitischen *status quo* und die Affekte dieser entschieden verhaltenen Nation durcheinandergeworfen. Es haben sich, vor allem auf dem Boden der alten Reichshauptstadt, Szenen abgespielt, die die deutsche Abstinenz von Kurzschlüssen zwischen Politik und Rührung für einige Augenblicke zum Nachgeben gebracht haben. Auf einmal sind alle national tief dekolletiert. Meine Damen und Herren, ich glaube kaum, daß irgend jemand, der sich wach in diesem Land bewegt, ganz außerhalb der Erschütterung hat bleiben können, die von einem kleinen Riß in der Berliner Mauer und von einem kleinen Schwanken der Überzeugungen ostdeutscher Politiker ausgegangen ist. In der Nacht vom 9. auf den 10. November, als die Mauern in den Kaderköpfen rissig wurden, als die physische Mauer von Berlin auf einmal durchlässig war, als Jürgen Wohlrabe auf der Kundgebung vor dem Schöneberger Rathaus mit einem merkwürdigen Behördenpathos die Namen der in dieser Nacht neueröffneten Grenzübergänge verlas oder, genauer, proklamierte – da verwandelte sich ein zusammengenommenes, sich ruhigstellendes, herabgekühltes, privatisierendes Doppelstaatsvolk – nicht zuletzt dank der allesvermittelnden Fernsehgegenwart – für ein paar Stunden, ein paar Tage in eine wiederangerührte Nation. Während einiger Stunden lag eine urkommunistische Stimmung über Westberlin und dem deutschen Sendegebiet; Fidelio wurde Volksoper, Florestan stieg durch die Mauer aus dem sozialistischen Staatspensionat ins Freie; über dem Kurfürstendamm hing wie ein geheimnisgetränkter Wattebausch eine freudige Fassungslosigkeit, und daß Menschen im allgemeinen und Deutsche im besonderen nicht fliegen können, erschien wie ein Vorurteil, das kurz vor der Widerlegung stand. Wer jetzt schläft, ist tot, sagte ein junger Berliner in das Mikrophon eines Fernsehjournalisten, als wollte er beweisen, daß Revolutionen keine sind, wenn sie nicht spontan ihre geflügelten Worte prägen. Und inmitten dieses allgemeinen Durchdiemauergehens, inmitten dieses Herüberkommens und Überdiegrenzetretens immer wieder ein Bild, das offenkundig stärker werden wollte als die gesamtdeutsche Zusammengenommenheit; immer wieder dieses Nichtmehranderskönnen, dieses Sichloslassen, dieses Freiwerden für die Tränen, die zum Herauskommen aus dem angehaltenen Leben gehören; immer wieder dieses Nichtwissen, ob man lacht oder weint, dieses Vertrauen auf ein so noch nicht erlebtes Sichnichtschämenmüssen, dieses Mitgehen mit der Erschütterung, dieses Sichhinüberweinen in einen anderen Status und vor allem dieses Selbstbewußtsein der Tränen, hinter das nicht mehr zurückgegangen werden kann. Ich glaube, die Kameraleute hatten für diesmal recht, der Emotion zu folgen und die Objektive auf die Gesichter der am meisten

Bewegten zu halten, als spürten sie, daß es jetzt nicht um die Sensation geht, sondern um die Objektivierung des Wissens und des Rechts, das sich auf den nassen Gesichtern formulierte. Für wenige Momente war das nach Berlin blickende Volk der BRD ein artesischer Brunnen, aus dem Tränen schossen wie nationales Mineralwasser. Die Nacht und der Trubel sorgten für das übrige, um den Berliner Ausnahmezustand zu vervollkommnen – eine spöttische, abgeklärte Stadtbevölkerung verwandelte sich während einiger Stunden in eine Auferstehungsgemeinde, und mit einer Verschwendungsbereitschaft, die niemand vorherzusehen wagte, stellte sich die westliche Stadt als Exempel des anderen Zustands zur Verfügung. Was mich angeht, so zweifle ich nicht daran, daß die Begrüßungsfeier von Deutschen für Deutsche an dem 9. November und dem folgenden Wochenende eigentlich zu einer übernationalen Szene gehört. Berlin war in diesen Tagen nicht wie üblich eine Versuchsstation für Weltuntergänge oder Überlebensübungen; nein, die mit einemmal kaum noch geteilte Stadt war ein anthropologisches Labor, wo unter realen Bedingungen getestet wurde, wie weit die Begrüßung des Menschen durch den Menschen gehen kann; da konnte man ausprobieren, ob sich auch an dem obszönen Begrüßungsgeld die Einheit von Gift und Gabe bewahrheiten würde; man konnte prüfen, als wie tragfähig die Gleichung zwischen Zurweltkommen und Willkommensein sich erweisen würde. Das konstituierende Fest von Berlin feierte etwas oberhalb der Politik und jenseits der nationalen Selbstbefriedigung. Von diesem Etwas will ich heute reden. Ich weiß, das alles ist auf Deutsch nicht leicht auszudrücken, weil unsere Sprache in den höheren

Registern seit langem den Ohren fremd geworden ist – Deutsch ist ja, wie jedermann weiß, eine Sprache zum Bestellen von Socken aus Taiwan; hingegen war vom Deutschen als einer Sprache, die zum Abenteuer des Klügerwerdens einlädt, seit Generationen wenig zu hören. Aber eine Rede über das eigene Land halten, ohne zu versuchen, ein wenig von dem Berliner Etwas einzufangen und etwas von der historischen Brise mitzuteilen, die heute über den mitteleuropäischen Luftraum weht – das wäre wirklich ein trübes, ein unzeitgemäßes, ein verfehltes Unternehmen. Mich motiviert heute ein kaum gekanntes Gefühl; ich ahne, oder glaube zu ahnen, wie es wäre, wenn Deutsch nicht nur die beste Sprache bliebe, um zu sagen, daß alles den Bach hinabgeht, nicht nur eine ideale Sprache zum Abschwören an Hoffnungen und Überspannungen, eine Sprache zum Lackabkratzen, zum Geistaufgeben, zum Abblasen von größeren Unternehmungen, nicht nur eine Nachrichtensprache für Unfälle und Umweltkatastrophen, nicht nur eine Nachruf- und Endzeitsprache, die sich wie keine andere den Windungen der Depression und des Von-allem-Genughabens anpaßt. Mir kommt es vor, als könnte man bald auch auf Deutsch Geschichten vom Wachstum der Intelligenz erzählen, Geschichten zum Klügerwerden und zum Nichtverzweifeln am Widerspruch zwischen den Verhältnissen und den Einsichten. Aber um solche Dinge ein wenig sagbarer zu machen, muß ich die aktuellen Ereignisse abblenden und zu einem weiteren Durchgang durch die jüngere Geschichte ausholen.

2. Über den Anfang vom Ende der Nachkriegszeit

Es klingt seltsam: obwohl ich meine Mutter erst im Sommer 1947 von außen kennenlernte, habe ich zeitlebens, manchmal schwächer, manchmal deutlicher, das Gefühl mit mir herumgetragen, den letzten Weltkrieg noch selbst erlebt zu haben, genauer: mitten aus diesem Krieg zu stammen. Es sind nicht Ereignisse, die für mich zählen, es sind Stimmungen – keine Bombennächte in den Kellern, kein Sirenengeheul, keine schwankenden Glühbirnen beim Fliegerangriff, kein Ausgegrabenwerden aus dem Schutt. Doch habe ich einen Extrakt vom Weltkrieg mitbekommen, in dem die Mitwisserschaft vom Schlimmsten aus der Innenperspektive enthalten ist. Ich weiß inzwischen, daß dieses Gefühl kein Privateigentum ist, sondern zu den häufigeren Überempfindlichkeiten der unmittelbar nach dem Krieg Geborenen gehört. Vielleicht ist es eine Sache des kindlichen Gehörs – man hört sich ja ein in die Welt, bevor man sie mit den Augen entdeckt, und wird auf die Realität gestimmt wie ein neuer Flügel. Damals hieß Zurweltkommen Sicheinhören in soeben erst bundesrepublikanisch umgestellte Stimmen; es kann wohl nicht anders sein als so, daß in den Schwingungen dieser Stimmen Nachklänge fühlbar blieben von dem, was dieselben nur kurz zuvor gesagt, geschrien, gutgeheißen oder unterdrückt haben. Es gab eine atmosphärische Osmose zwischen den älteren Weltinsassen und den Neuankömmlingen; eine Restluft vom Tausendjährigen Reich hing in den deutschen Lungen von damals; noch gab es eine tonale Tradition des Hitlerstaates, es herrschte eine Wohnzimmertemperatur, in der viel von dem aufbewahrt blieb, was seit dem rauschhaften August 1914, dem hysterischen Januar 1933 und dem fatalistischen September 1939 in deutschen Familien erlebt und gesprochen worden war. In diesem prekären Sinn fühle ich mich so sehr als Kriegskind wie als Nachkriegskind. In der Zone des Gedächtnisses, wo die Erinnerungen ungegenständlich und wolkig werden, wo die ältesten Gerüche des Daseins uns ansprechen, da spüre ich die Bunkerpanik und die Fassungslosigkeit der mit dem nackten Leben Davongekommenen; da ist der *pavor nocturnus* gegenwärtig und sprengt die mütterlichen Hüllen, die die fremde Welt noch hätten fernhalten sollen. Dem Nachkriegskind ist zumute, als habe sich das Weltall zu früh geöffnet. So nahe am Schrecken geboren zu werden, bedeutet, wenn nicht für eine ganze Generation, so doch für die Jahrgänge, die heute um die Vierzig sind, in eine Welt gekommen zu sein, in der die Menschen es noch nicht wieder gelernt haben, für sich selbst und füreinander zu garantieren. Ich glaube, wir Nachkriegskinder haben den gnostischen Schock stärker verspürt als andere, leicht geborene, ruhig getragene – denn deren Mütter führen weniger Nachbeben von Flucht und Todesangst mit sich. Gewiß, auch nach unvorstellbaren Kriegen kommen Kinder so neugierig, expansiv, saugfähig zur Welt wie alle übrigen, aber die Welt weicht aus, will nicht recht passen, ist noch nicht wieder in Form und glaubt vor allem noch nicht an sich selbst und ihren Bestand. Sie hat sich selber noch nicht anerkannt und streitet vor den Kindern um ihr Recht oder Unrecht zu sein. Sie ist nicht eben eine böse, aber eine vage Brust. Die Heimat hat von Anfang an etwas Schemenhaftes. Daher meinen solche Kinder immerzu, es sei bei ihnen eine Art Inkarnationspanne passiert; das Sicheinleben ins Weltgebäude, die seltsame Baracke, will nicht zur ruhigen Eingewöhnung führen, man fühlt sich wie in einer nationalen Kinderkrippe, einem Durchgangslager, in der die Fürsorge fürs Dringendste gewährleistet wird, solange man aus sich selber noch nichts machen kann. Doch fällt man auf die Zustände im Lager, auch wo sie komfortabel wirken, nicht so leicht herein; niemand hat uns einreden können, daß Heimat und Welt sich aufeinander reimen, nein, diese westdeutsche Konsumkulisse, um von der Staatsbürgerverwahrungsanstalt Ost ganz zu schweigen, wird niemand aus unserer Generation mit der Welt verwechseln. Warum, glauben Sie wohl, sind die Deutschen das reisewütigste Volk der Erde?

Ludwig Wittgenstein hat in seinen Notizen *Über Gewißheit* einen Satz notiert, der nicht ohne Beziehung zu den folgenden Überlegungen sein mag. Er schrieb:

> Wenn ein Kind mich fragte, ob es die Erde schon vor meiner Geburt gegeben hat, so würde ich ihm nicht antworten, die Erde existiere erst seit meiner Geburt, sondern sie habe schon lang, lang vorher existiert. Und dabei hätte ich das Gefühl, etwas Komisches zu sagen...
> Wenn ich nun die Frage mit Sicherheit beantworte, was gibt mir diese Sicherheit? (*Über Gewißheit*, 233)

Ich weiß nicht, ob Wittgenstein der Antwort zugestimmt

hätte, die mir hier die plausible zu sein scheint. Es kann auf diese Frage keine Antwort geben, die sicher wäre im Sinne des Sichüberzeugens durch eigene Nachprüfung. Ich selber kann mich nur der Erde vergewissern, die mit mir gleichzeitig ist. Die Sicherheit, mit der ich sage, daß die Erde vor mir existierte, entspringt dem Vertrauen in das Zeugnis der Menschen, die vor mir waren und deren Vorhergehen vor meinem Leben ich sowenig in Zweifel ziehen kann wie das der Erde. Die Gewißheit, daß die Erde uns vorhergeht und überdauert, ist geliehen beim Vertrauen auf die Kontinuität und Kohärenz menschlicher Erfahrung. Diese wird bezeugt durch eine Kette menschlicher Stimmen, menschlicher Aufzeichnungen.

Ich möchte jetzt eine Stimme zitieren, die sich im Sommer 1943 zu Wort gemeldet hat, unhörbar für mich, unerreichbar für diejenigen, die damals im Gebiet des Deutschen Reiches der Agonie entgegengingen, die nicht vor dem 8. Mai 1945 überstanden war. Es ist eine Stimme, die die Deutschen von damals *anredete* und die ich heute als Dokument dafür werten kann, daß dieses Land, wie Wittgensteins Erde, vor mir da war – jetzt habe auch ich das Gefühl, etwas Komisches zu sagen. Sie gehört einem Mann, der nie müde wurde, seine afrikanische Herkunft, genauer: seine mittelmeerischen Prägungen, zu betonen, einem Kämpfer der französischen Résistance, der den Versuch unternahm, den blinden Kampf, in dem er und seine Zeitgenossen standen, mit literarischen Mitteln zu erhellen, um besser zu siegen. Dieser Autor richtete zwischen dem Juli 1943 und dem Juli 1944 vier »Briefe an einen deutschen Freund«, die zum Eindrucksvollsten gehören, was uns aus diesen finsteren Jahren überliefert ist. Hören Sie ein paar Augenblicke lang das Plädoyer dieses Nordafrikaners, der zu den großen Moralisten unseres Jahrhunderts zählt; er wendet sich an den ehemaligen deutschen Freund, der sich der NS-Bewegung angeschlossen hatte, und spricht, durch ihn hindurch, die gesamte Hitlergefolgschaft an. Wir schreiben einen Tag im Juli des Jahres 1944, die Landung der Alliierten in der Normandie ist geglückt, einen Monat später wird Paris befreit sein, kein nüchterner Beobachter des europäischen Kriegsschauplatzes kann an der Niederlage der deutschen Maschinerie zweifeln, selbst wenn diese auch im Rückzugsgefecht Furchtbares leistet. Albert Camus redet den ehemaligen Freund an, selbstbewußt und betrübt, in »dieser Sommernacht, die so trächtig ist an Verheißungen für uns und Drohungen für Sie«.

Diese Julinächte sind zugleich leicht und schwer. Leicht über der Seine und in den Bäumen, schwer im Herzen der Menschen... Ich warte und ich denke an Sie: noch etwas, ein Letztes muß ich Ihnen sagen. Ich will Ihnen sagen, wie es möglich ist, daß wir so ähnlich waren und heute Feinde sind...
...
Wo lag der Unterschied? Sie fanden sich leichten Sinnes damit ab zu verzweifeln, während ich nie dazu bereit war. Sie waren so überzeugt von der Ungerechtigkeit unseres Seins, daß Sie sich entschlossen, dazu beizutragen, während mir im Gegenteil schien, der Mensch müsse auf Gerechtigkeit pochen, um gegen die ewige Ungerechtigkeit zu kämpfen, Glück schaffen, um sich gegen die Welt

des Unglücks aufzulehnen. Weil Sie aus Ihrer Verzweiflung einen Rausch gemacht haben, weil Sie sich davon befreiten, indem Sie sie zum Prinzip erhoben, haben Sie eingewilligt, die Werke des Menschen zu zerstören... Ich dagegen lehnte die Verzweiflung und diese gequälte Welt ab und begehrte nur, daß die Menschen ihre Solidarität wiederfinden...
... Mit einem Wort: Sie haben sich für die Ungerechtigkeit entschieden. Sie haben sich auf die Seite der Götter geschlagen...
Ich jedoch habe mich für die Gerechtigkeit entschieden, um der Erde treu zu bleiben...
...
Ja, wir waren gezwungen, euch zu folgen. Aber unsere schwer zu vollbringende Heldentat bestand darin, euch in den Krieg zu folgen, ohne das Glück zu vergessen...
Wir mußten auf eure Philosophie eingehen, einwilligen, euch ein wenig ähnlich zu werden. Ihr hattet das ziellose Heldentum gewählt, denn es ist der einzige Wert, der einer ihres Sinnes verlustigen Welt verbleibt. Und indem ihr es für euch wählt, wählt ihr es für alle und auch für uns. Wir waren gezwungen, euch nachzuahmen, um nicht zu sterben... Jetzt, da das Ende naht, können wir euch sagen, was wir gelernt haben: daß nämlich Heldentum etwas Geringes ist und Glück ein größeres Bemühen erfordert.
Jetzt muß Ihnen alles klar sein; Sie wissen, daß wir Feinde sind.
... in meinen Augen seid ihr schon tot. Aber während ich euer entsetzliches Benehmen richte, werde ich daran den-

ken, daß ihr und wir von der gleichen Einsamkeit ausgegangen seid, daß ihr und wir und ganz Europa die gleiche Tragödie des Geistes erleben. Und euch zum Trotz werde ich euch den Namen Mensch nicht absprechen... (Albert Camus, *Kleine Prosa*, Reinbek 1961, 89-92)

Das klingt für mich wie die Stimme des besten Freundes. Ich habe diesen unvergeßlichen Text vielleicht Anfang der sechziger Jahre erstmals gelesen, dann gegen Ende der achtziger erneut, und ich habe noch immer das Gefühl, daß Deutschland, oder der beste Teil von ihm, genau dort liegt, wohin diese Worte aus dem Sommer 1944 zielen, auch wenn uns die metallische Rhetorik und der lyrische Moralismus Camus' heute fremder geworden sein mögen, als sie es vor zwanzig, dreißig Jahren waren. Das Deutschland, in dem ich immer gemeint habe zu leben, Deutschland als noch ausstehende politisch-psychologische Größe, liegt immer noch im Lichtkegel dieser Adresse; denn eine positive deutsche Identität nach dem Zweiten Weltkrieg konnte, wie ich es sehe, nur als Ergebnis einer noblen Feindschaft gegen sich selbst entstehen – als bewußtes Zurückkehren von dem Rausch der Ungerechtigkeit, aus dem Kult der Verzweiflung in eine Welt der Gegenseitigkeiten und der Lebensbündnisse. Camus hat zugegeben, daß diesem Text seine Entstehung im Krieg anzusehen sei und daß er sich an den noch unbesiegten Gegner richtet; zu dem Besiegten hätte er anders, wenn auch im selben Geist, gesprochen. Die wertvollen politischen Tendenzen nach der Niederlage entstanden also, wie ich meine, aus dem Bündnis mit den generösesten Zügen der einstigen Gegner; erst an zweiter

Stelle trugen eigene Traditionen zur Sanierung des deutschen Geistes bei; diese erwuchs aus der Allianz mit einem militanten Humanismus, für den es auch auf dem Höhepunkt des Krieges keine Alternative gab zum Streben nach Glück. Das ist der Sinn von Westintegration.

Knapp drei Jahre nach der Niederschrift von Camus' Briefen an einen deutschen Freund, also im Jahr 1947, habe ich damit begonnen, Indizien dafür zusammenzutragen, daß die Erde vor mir da war und daß Deutschland, oder was immer auch man damals so nennen wollte, vor mir existierte. Wenn man zur Welt kommt und herumzukrabbeln beginnt, macht man die Erfahrung, daß man sich an den Dingen stößt. Man meint zuerst, sie wollten einem weh tun und einem dadurch beweisen, daß sie früher da waren und ältere Rechte haben. Es steckt darin eine einfache Logik. Die Erde trägt, und die Erde tut weh, und daran erkennt man, daß sie schon da ist, wenn wir auf sie zustolpern. Was Widerstand leistet, imponiert am meisten. Mit Deutschland als Heimat ist es nicht anders; auch es trägt, auch es tut weh, und auch es hinterläßt bleibende Eindrücke vor allem dort, wo es nicht nachgibt und nicht so ist, wie man es erträumt; was am meisten weh tut, ist das Blockartige am eigenen Land, das so auf sich beharrt, wie es war, bevor wir hinzukamen und anfingen, unsere Wünsche mit seinem Dasein zu vermischen. Ich denke, ich weiß, wovon ich rede, denn seit dem Jahr 1947 ermittle ich gegen dieses Land, anfangs wohl ohne zureichendes Methodenbewußtsein, dann zunehmend skeptischer, informierter, objektiver, seit den späten sechziger Jahren mit dem unentbehrlichen Willen zur analytischen Grausamkeit, der seit einigen Jahren erst auch der fröhlichen und traurigen Wissenschaft von deutschen Dingen ein wenig Spielraum zugesteht. Sicher ist nur, der erste Eindruck auch eines Nachkriegskindes von Deutschland kann zu der Hoffnung berechtigen, daß dieses Land ein Busen ist; vielleicht halte ich es deswegen bis heute für normal, daß es davon zwei gibt.

Vom Juni 1947 an entging mir vieles in Deutschland und der Welt. Ich hatte keine Ahnung, daß schon Mitte August in einer gewissen Mitternacht die Freiheit Indiens proklamiert wurde – die wahre Geschichte dieser denkwürdigen Nacht und ihrer Kinder habe ich erst mit vierzigjähriger Verspätung durch Salman Rushdie kennengelernt. Mir entging auch, daß eben im Juni 1947 die Berliner schon einmal bei politisch relevanten Tränen beobachtet wurden, und zwar bei dem Typus von Tränen, durch die der ewige Deutsche den Völkern Europas Furcht und Unbehagen einflößt. Der junge, nach Schweden emigrierte Dichter Peter Weiss, der sich später einen Namen machte, reiste in diesem Monat als Korrespondent der Tageszeitung *Stockholms Tidningen* in das zerbombte Land, aus dem er vor Jahren geflohen war, und kam gerade rechtzeitig nach Berlin, um zu erleben, wie »Furtwänglers erstes Symphoniekonzert nach seiner Rehabilitierung« in den Westsektoren stattfand. Mit ebenfalls vierzigjähriger Verspätung habe ich nachgelesen, was Peter Weiss damals in meinem Geburtsmonat – es lag gerade eine schwere Hitzewelle über Mitteleuropa – notierte.

Da sind die Franzosen und die Engländer, und da sind die Deutschen, gespannt, hungrig, in einer grauen Eleganz. Ihre orkanartige Ovation ist wie eine Entladung, sie ist

ein Protest gegen die Entnazifizierungsmethoden und ein Ausdruck des überwältigenden Gefühls: wir leben noch!...
Man muß die Ursache für diese nationale Ergriffenheit verstehen, soll man in der Lage sein, ihr abzuhelfen. Hier sitzt der Deutsche mit seinem Hintergrund von Leiden und Ruinen, sein hungriger Magen übertönt das Larghetto, seine Hand erstarrt im Krampf in der des Nachbarn, über sein Gesicht rinnen Tränen, und in seinem unklaren Gefühlsüberschwang denkt er: die deutsche Musik siegte zu guter Letzt – alles können sie uns nicht nehmen!... (Peter Weiss, *Die Besiegten*, Frankfurt/M. 1985, 125/126)

Als Weiss nach Schweden zurückkehrte, arbeitete er seine Eindrücke zu einem Prosastück aus, das sich von der Form der Zeitungsberichte unabhängig gemacht hatte. Der Text trägt den Titel: *Die Besiegten*. Er ist eine Variation über den Satz: »Ich kehre nicht heim, sondern ich werde gegenübergestellt.« Weiss redet wie ein gnostischer Reporter, der auf die Erde gestürzt ist, um Mitwisser der dunkelsten Dinge zu werden. Am Fallschirm seiner Aufmerksamkeit springt er in ein fremdes und doch vertrautes Territorium, wie von ganz außen, um im Innersten an Land zu gehen. Ich möchte Ihnen aus jenem Buch die Sätze vorlesen, von denen ich glaube, daß sie das psychologische Geheimnis dieser Nation und seiner beiden staatlichen Konstrukte offenlegen. Sie reden von der Unmöglichkeit, in der sich ein Vater damals gefangen wußte, seinem Kind die Welt zu eröffnen, in die er es hätte einführen wollen.

Ich wage nicht mehr dir in die Augen zu blicken, nicht weil sie vorwurfsvoll sind – sie wissen nichts von Vorwurf –, sondern weil sie so vertrauensvoll sind. Dein Blick ist mir zugewandt. Ich kann dir nichts geben, und das Unheimliche ist, daß du auch nichts verlangst. Du bist nur stumm und erwartungsvoll, das dürre Brotstück, das du von mir bekommst, nimmst du als eine Selbstverständlichkeit hin. Wasser und Brot und manchmal etwas entrahmte Milch oder Suppe bei der Eisenbahnverpflegung, davon lebst du. Wir sind auf der Reise, du und ich, wir reisen mit den Menschenviehwagen hin und her, von Stationshilfe zu Stationshilfe – wir wissen von keiner anderen Sicherheit. Du folgst mir, müde hängst du an meiner Hand, oder ich trage dich; ich höre deinen angstvollen Schrei, wenn du mich einmal aus den Augen verlierst. Das ist es, was ich bald nicht mehr ertragen kann: daß du all dies wie eine Selbstverständlichkeit hinnimmst, daß du nichts anderes erwartest, daß du glaubst, all das ist, wie es sein soll, daß alles in Ordnung ist...

Es ist unerträglich: daß ich es bin, der dir diese Welt beschert hat, daß ich es bin, der dir dieses entstellte Leben beschert hat.

Wie lange wirst du aushalten? Wirst du jemals lachen, singen können? Wirst du jemals meine Schuld verstehen? Wirst du mir jemals vergeben können? (*Die Besiegten*, 100/101)

Ich glaube, wir haben hier eine der seltenen ausdrücklichen Formulierungen der moralischen Urszene dieses Landes vor uns – auf wenigen Zeilen wird mit beispielloser Klarheit ein alternativer Generationenvertrag geknüpft. Es ist, als würde die Erbsünde selbst um 180 Grad gedreht; nicht mehr die Kinder sind es, die schuld daran haben, wenn ihre Dankbarkeit nie groß genug sein kann für das Lebensgeschenk; nein, wo die Erbsünde deutsch wurde, da sind es die Eltern selbst, deren Schuld an der Zumutung des Lebens unabtragbar wird. Insofern wird der Zweite Weltkrieg auch ein Großereignis in der Geschichte metaphysischer Ideen gewesen sein; nach ihm wird es wohl nie mehr die alte Fortpflanzungsnaivität geben können, die für fast alle älteren Seinsweisen der Menschheit typisch war. Nach diesem Krieg der Deutschen gegen den Rest der Welt ist es für alle einstigen Kriegsteilnehmer aus mit der Unschuld des Werdens, zumindest in dem Sinn, daß von jetzt an alle, die sich physisch fortpflanzen wollen, ein wenig von der deutschen Urerfahrung von der Welt als Zumutung an die Nachgeborenen sich zu eigen machen müssen. Brecht hatte etwas davon vorweggenommen, als er *An die Nachgeborenen* plädierte:

> Ihr, die ihr auftauchen werdet aus der Flut
> In der wir untergegangen sind
> Gedenkt
> Wenn ihr von unseren Schwächen sprecht
> Auch der finsteren Zeit
> Der ihr entronnen seid.

Das ist die Urfassung des Gedankens von der Gnade der späten Geburt; man erkennt in ihm, bevor Helmut Kohl ihn ungenießbar machte, die epochale Sorge einer Generation, sich mangels positiver Vermächtnisse bei der folgenden im voraus entschuldigen zu müssen.

Beim bloßen Entronnensein kann Leben auf Dauer nicht stehenbleiben. Was sich heute zwischen den beiden deutschen Staaten abspielt, ist eine nationale Amplifizierung und dialogische Fortsetzung des inneren Monologs, den Peter Weiss damals an ein Kind adressierte. Es sind jetzt vor allem die Menschenmengen in Ostberlin, Leipzig, Dresden und anderswo, die an ihre politischen Vormünder die Rückfrage richten: wie konntet ihr es wagen, uns das Dasein in einer solchen Welt aufzuzwingen? Es waren harte Zeiten, gewiß. Aber, woher nahmt ihr die Unverfrorenheit zu behaupten, wir seien, was die Herstellung einer guten Welt angeht, im großen ganzen am Ziel und es könne sich für uns nur noch um Einzelverbesserungen handeln? Was gab euch den Mut zur Erziehung und die Kraft zum Lügen durch Jahrzehnte hindurch? Was brachte uns dazu, so lange Jahre in euren Fiktionen mitzuspielen, als hätten wir sie nicht von Anfang an durchschaut? Unter der gewaltlosen Gewalt solcher Fragen bricht vor unseren Augen das deutsche, ja das gesamte ostmitteleuropäische Nachkriegslügensystem zusammen. Wenn Peter Weiss das Kind 1947 fragt: wie lange wirst du aushalten?, so können wir jetzt die Antwort fast auf Monat und Tag genau datieren. Seit diesem November sind die Deutschen, gerade in dem Teil des Landes, der es am schwersten hatte, energischer denn je auf der Suche nach der Welt, die eine Entschuldigung wäre für das entstellte Leben der in sie Gesetzten. Solche Verspätungen scheinen das Gesetz des geschichtlichen Lebens auszumachen: jede Generation ist dazu delegiert, die Hoffnungen und Lügen ihrer Vorfahren auf die Probe zu stellen. Aber während all dieser Jahre hat unser Land seine moralische Urszene nur dumpf umspielt; es hat die weltgeschichtliche Umkehrung der Schuldbeziehung zwischen den Generationen noch nicht als seine neue *raison d'être* akzeptiert. Nur, die deutsche Geburtenrate ist dramatisch gesunken, sie ist die niedrigste auf der Welt geworden, sogar Demographen werden nachdenklich, aber niemand will aussprechen und bedenken, in welcher historischen Szene diese Tatsachen Sinn machen. Der Text von Peter Weiss, Monument einer unmöglichen deutschen Väterlichkeit, blieb ein verschollenes Zeugnis, das seit 1948, verschanzt hinter der schwedischen Sprachbarriere, auf Leser wartete. In der Weiss'schen Frage: Wirst du jemals meine Schuld verstehen? liegt der Anfang vom Ende der deutschen Nachkriegszeit. Es scheint, als seien 42 Jahre gerade ausreichend, um einen Nachweltkrieg zu Ende zu bringen.

Lassen Sie mich noch eine Geisterstimme zitieren, die vor 46 Jahren, mitten im Krieg, aber schon im Hinblick auf das Deutschland, das danach kommen würde, zu den Deutschen redete. Vermutlich haben nicht viele damals dieser Stimme zugehört, denn sie sprach zu ihnen aus dem Äther, und es konnte ein lebensgefährliches Unternehmen sein, die Sender des Feindes abzuhören. Diese Stimme war zugleich streng und charismatisch, sie fiel in den Raum des Hitlerreiches ein wie die Gerichtsrede eines alttestamentarischen Propheten, der die Weltgeschichte standrechtlich auf den Entscheidungspunkt vorantreiben will. Der Sender hieß Die Stimme Amerikas, und der Sprecher, Paul Tillich, hatte die Aufgabe angenommen, ihr seine Stimme zu geben; er sprach ins Mikrophon mit einem Ton, als wüßte er sich von jenem März 1942 an als akute Spitze einer fast dreitausendjährigen Tradition jüdischen und christlichen Prophetentums. Ich zitiere nun eine der ältesten visionären Anrufungen der Nation, die an ein noch nicht existierendes anderes Deutschland appellierten. Es liegt mir daran, heute, in dieser pathetischen Wendezeit der deutschen Nachkriegsgeschichte, wenigstens einige Formulierungen aus dem Anfangsversprechen zu vergegenwärtigen, das Tillich zwischen dem März 1942 und dem Mai 1944 artikuliert hat. Er hat über Die Stimme Amerikas 109 Ansprachen an die Deutschen gehalten; ich zitiere einige Stellen aus der ersten, der fünfzigsten, der achtunddreißigsten und der sechsten.

Meine deutschen Freunde!
Als evangelischer Theologe und Geschichtsphilosoph will ich heute über eine Frage zu Euch sprechen, die neben den großen Ereignissen der Geschichte, die wir erleben, von geringer Bedeutung zu sein scheint, die aber in Wahrheit für unser geistiges und politisches Schicksal entscheidend ist: *Die Frage des jüdischen Volkes...*
... wir können die Juden nicht verstehen, wenn wir sie als eine religiöse Gruppe neben anderen auffassen. Das sind sie auch und das hat ihnen Leiden gebracht wie vielen anderen religiösen Sekten, die Opfer von kirchlicher Herrschsucht und religiösem Fanatismus geworden sind. Das ist Unrecht, aber es trifft nicht das Tiefste der jüdischen Frage.
Das Tiefste der jüdischen Frage ist, daß es das Volk der Geschichte, des prophetischen, zukunftgerichteten Geistes ist. Das bedeutet, daß wir uns gegen den Geist unserer eigenen Geschichte vergehen, wenn wir schuldig werden am jüdischen Volk...

Und wenn alle Juden von der Erde verschwunden wären, die jüdische Frage würde bleiben als die christliche Frage nach der Stätte, die der prophetische Geist und der Geist Christi auf Erden hat, und als menschliche Frage, ob der Mensch gebunden bleiben soll an seinen begrenzten Raum, an Blut und Nation, oder ob es der Sinn und die Größe des Menschendaseins ist, darüber hinauszugreifen in ein Reich jenseits des nationalen und jedes begrenzten Raumes. Diese Frage kann nicht verschwinden, solange es Menschen gibt, und darum kann die jüdische Frage nicht verschwinden. (*An meine deutschen Freunde*, Stuttgart 1973, 19-21)

Meine deutschen Freunde!
Deutschland muß in die Menschheit hinein wiedergeboren werden...
Deutschland muß zur Menschheit zurückkehren, weil es immer zur Menschheit gehört hat, weil es ohne die Menschheit nicht sein kann und weil die Menschheit ohne Deutschland verstümmelt ist...
– Jeder schöpferische Politiker, der heute, verborgen vor den herrschenden Mächten, auf seine Zeit wartet, weiß, daß es keine deutsche Politik mehr geben kann, die nicht Menschheitspolitik ist. Menschheitspolitik, das ist das Gegenteil von Eroberungspolitik, und es ist das Gegenteil von Absonderungspolitik. Es ist Politik der Einfügung in ein Größeres, als man selbst ist... Wie immer das in Zukunft aussehen wird, ob es eine europäische Föderation oder eine Weltföderation oder ein Bund verschiedener Föderationen sein wird, es wird dabei um Mensch-

heitspolitik gehen. Und für alle Völker, insonderheit aber für Deutschland, das Land der europäischen Mitte, wird alles darauf ankommen, daß das Nationale dem Menschheitlichen untergeordnet bleibt, sonst sind Nation und Menschheit verloren. (ibid., 178-181)

Meine deutschen Freunde!
... Der Menschengeist hat die Grenzen der Räume aufgehoben... Zum ersten Mal seit dem Beginn der Geschichte gibt es eine Menschheit, die eine ist im Raum... Als der Engel in der Weihnachtsgeschichte die Geburt des Retters aller Welt verkündigte, da gab es noch nicht so etwas wie Welt. Das Römische Reich umfaßte einen kleinen Teil der Erde; was darüber hinauslag, war im Dunkel oder ganz unbekannt. Heute gibt es Welt. Kein Stück der Erdoberfläche ist dem anderen unbekannt. Keins liegt außerhalb des Weltverkehrs, der Weltpolitik, der Weltmission... (Jedoch:) Das deutsche Volk ist durch seine Tyrannen und Herodesse zu Taten gebracht worden, die zur Selbstzerstörung der Menschheit auf der enggewordenen Erde führen müssen... (ibid., 133-136)

Meine deutschen Freunde!
... Verzweiflung ist eines des tiefsinnigsten Worte der an tiefsinnigen Worten so reichen deutschen Sprache. Es kommt, wie Zwiespalt, von zwei Strebungen, die sich widersprechen und deren Widerspruch unauflöslich scheint... Verzweifelt ist eine Lage, aus der es keinen Ausweg zu geben scheint. In einer solchen Lage ist das deutsche Volk, äußerlich und innerlich...

Es ist die verzweifelte Lage der Deutschen, daß sie um der Freiheit willen den Sieg nicht wünschen dürfen. Während für alle eroberten Völker Sieg und Freiheit dasselbe bedeuten, bedeutet für das deutsche Volk Sieg Verlängerung der Knechtschaft. Dieser Zwiespalt des Wollens muß wirkliche Verzweiflung erzeugen...
Wenn der Verzweiflung ins Gesicht gesehen wird, dann weicht sie und schwindet. Und darum kann ich heute nur sagen: Gesteht Eure Verzweiflung, enthüllt Euren Zwiespalt, nehmt ins Bewußtsein die Ausweglosigkeit. Wenn Ihr den Mut dazu findet, kann Euch nichts mehr zerstören. (ibid., 33-37)

Meine Damen und Herren, vierundvierzig und mehr Jahre sind vergangen, seit diese Sätze, wie von einer Geisterstimme mit paulinischem Pathos über den Ozean hinweg gesprochen, durch einige heimlich angestellte deutsche Radioempfänger gingen – ich habe übrigens nie jemanden getroffen, der sich erinnert, diese Stimme gehört zu haben. Auch sie hat wohl vergeblich geredet – doch ist fruchtbare Vergeblichkeit der Stoff, aus dem die Geschichte ist. Stimmen wie diese reden immer in den Wind, aber vielleicht könnte ohne die Aufladung des Windes mit unentbehrlichen Worten der Geist später nicht wehen, wo er will. Tillich artikulierte einen moralischen und spirituellen Verfassungstext für ein Land, das sich jenseits von Vorherrschaft und Absonderung seines Platzes im Raum und in der Zeit wieder bewußt werden sollte. Heute ist erkennbar, daß in den Reden Tillichs die Bedingungen für das wirkliche Anfangen mit dem Beendigen des Weltkriegs ausgesprochen wurden. Sie besitzen weltgeschichtlichen Atem und nationale Verbindlichkeit zugleich. Anzumerken bleibt, daß auch Tillich zu den großen Enttäuschten der Entwicklungen nach 1945 gehört hat; der kalte Krieg und die Spaltung der Welt haben ihn nur noch zu eher hilflosen Diagnosen über das angeregt, was er das »geistige Vakuum der Zeit« nannte. Mit Tillich, so scheint mir, ging eine Jahrtausendtradition des eurozentrischen Weltprophetentums zugleich großartig und ratlos zu Ende. Dessen Krise tritt unweigerlich ein, seit der Verdacht immer dringender wird, daß die sich selbst erfüllende Prophezeiung der einen Welt mit der selbstläufig gewordenen Verwüstung der einen Erde wesensverwandt war. Beides, die Planetarisierung der Zivilisation und die Gefährdung des planetarischen Lebens, gehören in der Einheit des Zweideutigen zusammen. Die eine Welt weiß bis heute nicht, ob sie ihre Einung überstehen wird; sie hat noch keinen Begriff davon, wie ihre Mobilmachung und Synchronisierung gegen ihre Selbstzerstörung abgegrenzt werden könnten. Die Weltfrage läßt sich daher nur noch mit einem neuen Wortschatz diskutieren. Die deutsche Frage aber bleibt bis auf weiteres an die Kategorien der Tillichschen Prophezeiung gebunden. Sie haben noch vor Jalta die geschichtsphilosophischen Bedingungen der Möglichkeit für ein Deutschland nach dem Weltkrieg und nach dem NS-Staat aufgewiesen und dieses Land ins Reich des Möglichen eingezeichnet. Prophezeiungen aber erfüllen oder widerlegen sich unter Bedingungen der Wirklichkeit.

3. Aus der Geschichte des deutschen Schweigens

Aus den prophetischen Nebeln mußte eines Tages ein wirkliches Land auftauchen. Wie Tillich vorhergesagt hatte, ging der deutsche Sonderweg in die Freiheit durch das Nadelöhr der Niederlage; der Preis der Freiheit war ein bewußtes und bejahtes Geschlagensein. Darum ist für die Deutschen von heute der 8. Mai 1945 ein informeller Nationalfeiertag, auch wenn die Zustände, die an jenem Tag herrschten, das Gegenteil von Grund zum Feiern waren. Richard von Weizsäkker hat recht, für das Ereignis dieses Tages das Wort Befreiung zu verwenden, und im Sinne einer Scheidung der Geister ist es nützlich und folgerichtig, wenn ihn die neue deutsche Rechte wegen dieses Wortes haßt. Wer das Wort Befreiung für den 8. Mai ablehnt, redet vom äußeren rechten Flügel aus; das ist nicht gut, aber gut zu wissen.

Auf den Befreiungstag folgen verfrorene Jahre; das Dasein der Deutschen hängt an so dünnen Fäden, es ist so sehr hineingehalten ins Nichts der Ungewißheit über das Kommende, daß man meinen möchte, das ganze Land habe sich in ein Heideggerkolloquium verwandelt, wo man über den Sinn der dunklen Freiburger Rede »Was ist Metaphysik?« aus dem Sommer 1929 praktische Vermutungen anstellt. In Wirklichkeit vollzieht sich das Leben der deutschen Bevölkerung damals wie eine Scharade über zwei leere und fatale Redensarten – die Toten sind tot; und: das Leben geht weiter. Man muß sich das vorstellen: eines der ambitioniertesten Völker Europas übt sich ein in eine Seinsweise, die nacktes Überleben zum Lebensinhalt macht. Das Überleben selbst nimmt allerdings einen besonderen Ton an, es ist ein unverkennbar deutsches, ein unverwechselbar zertrümmertes, es hat überall einen nachhitlerischen Sondercharakter; geübt wird es von Leuten, die etwas so noch nie Dagewesenes überstanden haben. Man bringt nicht alle Tage ein Tausendjähriges Reich hinter sich; nicht in jedem Jahrhundert kommt es vor, daß ein Volk sich in den Trümmern einer Großlüge solchen Ausmaßes wiederfindet. Ja, vielleicht kann es in der gesamten Menschheitsgeschichte nur einmal vorkommen, daß sich ein Volk so sehr in den Dunst einer improvisierten neuheidnischen Nationalreligion stürzt und daraus wieder auftaucht; daß es die Heilsgeschichte auf sich selber hin umschreibt und sich in die Rolle des auserwählten Volkes drängt – nicht ohne in Vernichtungskonkurrenz mit dem älteren Träger der Auserwählungsidee zu treten. Das Überleben von 1945 an hat einen nachmillenarischen Unterton, und die Deutschen von damals wissen, dumpf oder ausdrücklich, daß sie nicht nur einer Militär- und Gesellschaftskatastrophe, sondern auch einer Sprachkatastrophe, einem mentalen Desaster entronnen sind; sie spüren *nolens volens,* daß sie zunächst nur noch als die Davongekommenen einer großformatigen Illusion existieren werden; sie haben eine unerhörte Großsprecherei im Rücken und waren Ohrenzeugen einer Verzauberung, die den Zeitgenossen des Führers ein großdeutsches Herrenleben versprochen hatte; sogar den Weltkrieg hatten die Zauberer noch einmal entfesselt, um dieses deutsche Versprechen mit dem Schein von Haltbarkeit zu umkleiden.

Die Politik der Erlkönige schreckte vor nichts zurück. Der Eroberungskrieg wurde zur Fortsetzung eines Versprechens mit anderen Mitteln – er war das Hilfskonstrukt zum Halten des Unhaltbaren, ja, er schien sogar eine Weile der richtige Weg zu sein, falsche Verheißungen wahr zu machen; immerhin unterwarfen Hitlers Armeen in der ersten Angriffswelle große Teile Europas der deutschen Besatzung. Versprechen und Verbrechen wurden eins. Die Fiktion wurde operational und setzte gewaltig zur Selbstwahrmachung an. Bis Stalingrad war die Versuchung für die Deutschen übermächtig, zu glauben, ihre Führer könnten imstande bleiben, die überspannten Versprechen und Stellungen zu halten. Wie eine ungeheure autosuggestive Veranstaltung hielt der Krieg bis dahin die Illusion von der Erfüllbarkeit des brutalen großdeutschen Versprechens am Leben. Man muß diesen Vorgang auch für die Zukunft symbolisch nehmen und aus ihm folgern, daß zwischen Weltkrieg und falschen Versprechen ein fundamentaler Zusammenhang besteht. Wo immer das Gespenst eines weiteren Weltkrieges nach dem zweiten wieder auftauchte, dort hatte man regelmäßig Grund zu fragen, welche falschen Versprechen, welche politischen Illusionen, welche Formen des Selbstbetruges im Osten, im Westen und in anderen Weltgegenden auch jetzt wieder bereit wären, bis zum Äußersten zu gehen, um sich zu halten. Im Mai 1945 begann aber für die Besiegten die Zeit der Entzauberung – die Zeit der Lossagung von der Verhexung durch ein maßloses politisches Versprechen.

Daß die Deutschen bereits vor Hitler in einen gefährlichen Sog geraten waren, davon wußten hellere Köpfe auch schon vor 1933 etwas zu sagen. Eine der letzten freigeistigen Publikationen der Weimarer Republik stellt dieses Wissen unter Beweis: bei Rowohlt in Berlin erschien 1932 ein Buch über »Propheten in deutscher Krise« unter dem Titel *Das Wunderbare oder die Verzauberten – eine Sammlung,* herausgegeben von Rudolf Olden. Das nicht unkluge Vorwort des Herausgebers stimmt heute melancholisch; es liest sich wie ein Beweisstück gegen die Harmlosigkeit des Liberalismus, der alles interessant findet, was im Dunkeln geschieht, solange es keine Gewaltverbrechen sind. Olden spricht an einer Stelle deutlich aus, worin er das Erfolgsgeheimnis der nationalsozialistischen Partei erkannte: »Allen Alles Versprechen« – der deutsche Faschismus parodiert den paulinischen Versuch, allen alles zu sein – in den Grenzen der Volksgemeinschaft, wie sich versteht, und unter Abkehr vom Universalismus des Paulusschen Unternehmens. Olden sah aber auch, daß das faschistische Versprechen nur zu halten war durch Psychotechniken der Entmündigung und durch die Zusammenschweißung des Volkes im Namen seines charismatischen Führers. Aber wie hilflos blieb seine Nachfrage: »Warum folgt nicht ein ganzes Volk dem Wundertäter? Er wirkt auf die Hälfte eines Volkes, die andere stößt er ab, sie findet ihn lächerlich, mesquin, grotesk« (ibid., 19); und wie kläglich läßt der kluge Zeitbeobachter seine Irrationalismuskritik ausklingen, indem er sich ins kleine Betrachterglück zurückzieht; wie billig verschenkt er seine beinahe schon erreichte Einsicht in die Titanenschlacht zwischen dem faschistischen Wunderbaren und seinem Intimfeind, dem freien Geist, dem Gegenwunder Intelligenz.

Politik ... könnte man auch dahin definieren, daß sie ein ewiger Kampf zwischen der ratio und dem Wunderbaren ist. In der Krise kommt die ratio ins Gedränge, ihre Waffen, die gerade noch scharf schnitten, sind plötzlich stumpf, der Zweifel frißt an ihr, sie emigriert oder wird eingesperrt. Es ist die Große Zeit. Ist ein Volk satt, sein Gehirn unbelastet, so vermag es wieder seinen Vorteil abzuwägen, die Zeiten werden klein, langweilig und heiter. Gott schenke uns eine kleine Zeit. (ibid., 20)

Die Zeit wurde so groß, daß die Entronnenen und die Nachgeborenen auch nach Jahrzehnten nicht wissen, wie man aus dem Schatten einer solchen Epoche heraustritt. Wie redet man, wie denkt man, wie lebt man, wenn man ein Millennium im Rücken hat? Wie macht man wieder Politik, wenn man die Parodie auf das Dritte Reich der Christen, das heißt auf die joachimitischen Tage des Freien Geistes, über die Weltbühne hat gehen sehen – inszeniert als Triumph und Fall eines gottunmittelbaren Volkes? Wie faßt man wieder Vertrauen zur Sprache, wenn man erlebt hat, daß kein Wort vor der Verlogenheit sicher war? Als sie in den Trümmern der übergroßen Zeit und ihrer Verheißungen saßen, mußten die Überlebenden die Katastrophe ihres Landes auch als Wortbruch, als Zusammenbruch der menschlichen Rede erleben. Sie wußten, daß sie zu etwas überredet worden waren und sich hatten überreden lassen, was weit über alles Rechtfertigbare hinausging. Sie fingen an zu schweigen – als hätten sie mit einemmal begriffen, daß alles, was Menschen in großen Zeiten und danach vorbringen, eines Tages gegen sie verwendet werden kann. Aus dieser Lage entstand das

Nachkriegsdeutsch: eine Sprache der Wortbrüchigkeit. Was kam in ihr nicht alles zusammen – die vorbeugende Selbstbezichtigung der Gutwilligen, die hölzerne Rede der Unbelangbaren, die neuidealistische Vereidigung auf die Freiheit, die hochmütige Rückmeldung aus der inneren Emigration, die Schönschrift der Schuldlosen, die Selbstüberredung der vielen, die nichts gewußt haben wollten, und das Abwarten und Schweigen derer, die zu wissen meinten, daß alles gelogen ist.

Ein neues Zauberwort kam auf – »die junge Generation«; an sie waren alle Wiedererbauungsreden adressiert, die damals in brüchigem Deutsch gehalten wurden. Hans Werner Richter war einer der ersten, denen auffiel, *wie* diese sogenannte junge Generation »eine unendliche Flut von wohlgemeinten Reden über sich ergehen« ließ – nämlich schweigend und »mit erstaunter Gleichgültigkeit«. Im zweiten Heft der Zeitschrift *Der Ruf* vom September 1946 hat Richter diesem Nachkriegsschweigen der Jungen eine denkwürdige Überlegung gewidmet.

Warum schweigt die junge Generation?
...
In Deutschland redet eine Generation, und in Deutschland schweigt eine Generation. Und während die eine sich immer mehr in das öffentliche Gespräch hineinflüchtet, während sie, gleichsam in eine Wolke von bußfertigem Weihrauch gehüllt, in die beruhigenden Schatten der Vergangenheit flieht, versinkt die andere immer mehr... in ein düsteres nebelhaftes Schweigen...
... Sie schweigt, weil man sie nicht verstehen will; sie

schweigt, weil sie nicht verstehen kann. Zwischen dem Nichtverstehenwollen und dem Nichtverstehenkönnen liegt eine Welt, liegt das Erlebnis, liegt der Krieg, liegt jene vom Grauen umwitterte Frage nach der brüchig gewordenen Existenz des Menschen...

... Sie schweigt aus dem sicheren Gefühl heraus, daß die Diskrepanz zwischen der bedrohten menschlichen Existenz und der geruhsamen Problematik jener älteren Generation... zu groß ist, um überbrückbar zu sein...

... Sie schweigt, weil sie mit den Begriffen und Problemen, die heute an sie herangetragen werden, nichts anzufangen weiß...

Über das Erlebnis der Propagandafreiheit (d. h. der organisierten Lüge, P. Sl.) verfügt die junge Generation. Aus diesem Erlebnis heraus schweigt die junge Generation. Mit dem Erlebnis der wirklichen Freiheit wird sie eines Tages zu reden und zu arbeiten beginnen.
(*Der Ruf. Eine deutsche Nachkriegszeitschrift*, hg. v. Hans Schwab-Felisch, München 1962, 29-33)

Richters Überlegungen sind vor allem wegen ihres Schlußsatzes bemerkenswert. Seine Analyse des Schweigens der Jungen von 1946 mündet in die Vorhersage ihres künftigen Redens. Auch wer in diesem Jahr noch nicht »auf der Welt« war und somit andere Gründe hatte zu schweigen, kann sich in dieser Vorhersage mitangekündigt fühlen. Denn die Richtersche Prophezeiung bleibt hypothetisch und hält sich von inhaltlichen Vorhersagen zurück; sie kündigt nicht dies oder jenes in der Zukunft an, sondern hält fest, unter welcher Bedingung eines Tages den Jungen die Sprache wiederkommt –: erst wenn sie sich von einem Leben in wirklicher Freiheit überzeugt haben, dann, und nur dann, werden sie wissen, was sie zu tun und zu sagen haben. In dieses Wenn-Dann ist die deutsche Nachkriegsgeschichte bis heute eingehängt, ja nicht nur diese, sondern auch der gesamte Aufbruch in Ostmitteleuropa, dessen Zeugen wir gegenwärtig sind.

Ich will noch einige Augenblicke bei den Schweigenden von 1945 und danach verbleiben. Unter ihnen waren ja nicht nur die skeptischen Jungen, die die Redewolken der Älteren über sich hinwegziehen ließen. Zu ihnen gehörten auch die unfreiwillig zum Schweigen Gebrachten, die ehemaligen Reichswortführer, die amtsenthobenen Redegewaltigen von einst. Ich denke beispielsweise an den Staatsrechtler Carl Schmitt, der nach seinen verfassungsjuristischen Diensten für den NS-Staat nicht wenig zu verschweigen hatte. Schmitt legte im Jahr 1950 ein graues Büchlein vor mit »Erfahrungen der Zeit 1945/47« – eine indirekte Apologie unter dem exklusiven Titel *Ex captivitate Salus* – aus der Gefangenschaft das Heil. Der Jurist in der Kutte – ein ungewohntes Bild, das wie die Simulation einer mittelalterlichen Büßerszene anmutet; doch ist die Szene bei dem Gentlemankatholiken und Marienanbeter Schmitt nicht ganz ohne Kohärenz mit der Person und ihrer Lehre; Katholizismus gibt, wie man weiß, Elastizität in der Sünde; Juristenverstand kennt die Rolle von Reuezeichen im Plädoyer; der Eindruck auf die wenigen, auf die es ankommt, ist hinlänglich kalkuliert. Was mich an dem seltsamen Büchlein hier interessiert – immer noch der geheimste Tip für die Geistesgeschichte der frühen Bundesrepublik –, das ist der gemischte Ton der Schrift, die halbe Geste, das Geständnis, das nichts zugibt. Da sitzt ein besiegter Unbesiegter in Haft und probt vor dem Spiegel, ob die »Weisheit der Zelle« auch ihm steht. Er verspürt die Versuchung zur Autobiographie, zur öffentlichen Selbsterklärung, und schon winkt etwas in ihm ab: »Die Heiligen schreiben keine Selbstbiographien. Im tiefsten Kern der Zelle steckt das Selbstgespräch und der Selbstbetrug.« (Ibid., 87) Carl Schmitts Apologie kreist um die Weigerung, sich auf das Unternehmen einer ernsthaften Entschuldigungsschrift einzulassen. »Die Fragebogen machen nicht wir, sondern andere, die dich mitsamt deinen Fragen infragestellen. Begreife endlich, was das bedeutet.« (87) Es soll – wenn ich Schmitts Aussagen richtig lese – bedeuten, daß der Starjurist des NS-Staates sich als potentielles Opfer einer alliierten Vernichtungsjustiz fühlt – als eine Person, die sich um ihr Recht gebracht sieht, den anderen als ebenbürtiger anderer gegenüberzustehen. Er will als Feind anerkannt, nicht vom Feind als Verbrecher verurteilt werden. Sein Stolz wittert in denen, die jetzt peinliche Fragen stellen, das ihm Unerträgliche: Schmitt befürchtet, die Befragung wolle ihn vernichten, indem sie seine Motive unterschätzt; es kommt ihm vor, als wolle die Justiz der Sieger ihn zu Geständnissen unter seinem Niveau verführen. (»Willst du von neuem dem Betrug erliegen?« – von neuem! man traut seinen Augen nicht!) Weil das niemand dürfen soll, entwickelt Schmitt eine Theorie des Schweigens. Er weiß genau, was jetzt zu sagen wäre und welche Worte aus seiner Feder zur persönlichen und politischen Katharsis beitrügen. Eben das weist er schroff von sich.

> Die Neigung zu literarischen Beichten und Bekenntnissen ist mir durch häßliche Beispiele wie Jean-Jacques Rousseau und den armen August Strindberg verleidet... Wer beichten will, gehe hin und zeige sich dem Priester. Im übrigen haben wir heute genug uns selber betreffende Fragen zu beantworten, die uns von den verschiedenartigsten Stellen her gestellt werden. Das Motiv der Fragestellung ist meistens, uns selbst in unserer Existenz in Frage zu stellen. Ich spreche dabei nicht einmal von Behörden und Stellen, die uns vielerlei fragen, was nicht an unser Wesen herankommt, sondern nur Zurechnungspunkte für Haftungen und Verhaftungen betrifft. Ich spreche auch nicht von den Fragen, die uns gestellt werden, wie man Schlingen und Fallen stellt... Was ich hier sage... gehört nicht auf die Straße und nicht auf die Bühne, auch nicht auf das Forum und das Katheder. Ich spreche, weil ich einigen verstorbenen Freunden ein Wort nachrufen will... weil ich einigen lebenden Freunden... und treuen Schülern ein Zeichen geben möchte... uns alle verbindet die Stille des Schweigens... (76-78)

Das klingt wie ein Kassiber aus der Zelle, der das »Umfeld« mit Hilfe des Kennworts Schweigen auf Kurs hält. Aber für Schmitt geht es um mehr als darum, Richtlinien für die Schweigeverabredung eines kompromittierten Clans auszugeben. Er verteidigt eine tiefsinnige, wenn auch dubiose Lebensarbeit gegen die Gefahr, diese als bloße Lebenslüge bloßgestellt zu sehen; er versucht, das Ansehen seiner Lehre zu retten, obwohl er als Friseur an der juristischen Perücke des Führers seine Autorität aufs Spiel gesetzt und verloren hatte. Dostojewskij hätte über den Stoff Carl Schmitt vielleicht seinen besten Roman geschrieben; in Abwesenheit eines großen christlichen Romanciers mußte sich Schmitt fürs erste selber helfen. So skizzierte er auf einer faszinierenden halben Seite eine weltgeschichtliche Handlung, deren letzter tragischer Held er *in persona* war. Er entwirft mit energischen Strichen den Roman des europäischen Völkerrechts zwischen Hobbes und Hitler; zielsicher montiert er die Handlung als Heilsgeschichte der staatlichen Ordnung, die dazu berufen ist, das politische Untier, den religiösen Bürgerkrieg, den gegenseitigen ideologischen Vernichtungskrieg einzudämmen. Diese Geschichte beginnt im 17. Jahrhundert mit dem Sieg der Juristen über die Theologen, die den Religionskrieg aufgeheizt hatten, und endet im 20. mit dem Sieg der Technokraten über die Juristen, die den begrenzten Staatenkrieg mit Gesetzen »umhegt« hatten. Schmitt versteht sich selbst als eine Gestalt, die am Ende einer ungeheuren rechtsgeschichtlichen Ordnungsanstrengung steht; hochmütig und wehmütig erkennt er an, daß eine neue Zeit anbricht, die Männer wie ihn in den Ruhestand schickt. Nach ihm, meint er, wird es niemanden mehr geben, der begreift, warum christliche Juristen notfalls auch mit dem Antichristen Verträge schließen müssen. Sein persönliches Schweigen nach dem Krieg wird so überhöht zu einer tragischen Geste in der Schweigegeschichte der Neuzeit.

Das sind zwei merkwürdige Schweigebefehle am Anfang und am Ende einer Epoche. Am Anfang steht eine Aufforderung zum Schweigen, die von den Juristen ausgeht und an die Theologen des gerechten Krieges gerichtet ist. Am Ende steht eine an die Juristen gerichtete Aufforderung zur reinen, das heißt restlos profanen Technizität. (D. h., jetzt macht Ius als Betriebsfaktor das Recht als Ordnungsgottesdienst mundtot – P. Sl.) Wir wollen den Zusammenhang der beiden Schweigebefehle hier nicht erörtern. Es ist nur gut und heilsam, sich daran zu erinnern, daß die Lage am Anfang der Epoche nicht weniger grauenhaft war, als sie es am Ende ist. Jede Situation hat ihr Geheimnis und jede Wissenschaft trägt ihr *Arcanum* in sich. Ich bin der letzte, bewußte Vertreter des ius publicum Europaeum, sein letzter Lehrer und Forscher in einem existentiellen Sinn... Da ist Schweigen am Platz und an der Zeit. Wir brauchen uns nicht davor zu fürchten. Indem wir schweigen, besinnen wir uns auf uns selbst und auf unsere göttliche Herkunft. (ibid., 75)

Was bleibt hierüber zu sagen? Mir gehen Wortverbindungen durch den Kopf wie: große Männer, alte Meister. Als Angehöriger der sogenannten vaterlosen Generation habe ich Übungen in männlicher Größe, wie der tragische Jurist Schmitt sie hier vorführt, seit jeher mit einer Mischung aus faszinierter Rührung und satirischer Distanz beobachtet. Mir erschienen große Männer dieses Typs – zu Unrecht, wie ich wohl einräumen muß – als eine Art von besonders herzergreifenden Clowns, denen es schicksalhaft verboten war, über sich selbst zu lachen. Nur nach und nach habe ich zu verstehen begonnen, was solche Männer dazu berechtigte, sich selber bitter ernst zu nehmen: sie stellten sich ganz ohne Ironie und Reserve handelnd und leidend mitten hinein in das, was sie für die große Geschichte hielten. Sie waren Freiwillige an der Front der größten Sinnzusammenhänge. Sie fanden Genugtuung daran, sich selbst in der Mitte des Lebensstroms zu denken und Vollbäder in Geschichtlichkeit zu nehmen. Sie traten sorgenvoll-ehrgeizig als Volontäre des Weltgeistes in dessen Unternehmen ein – so wie sie es verstanden und wie sie es auslegten. Sie charakterisierten sich allesamt als Hörige, als Ergriffene, als Delegierte einer von der »Zeit selbst« verfaßten Mission. Das alles ist für mich im Lauf der Jahre vorstellbar und nachdenkbar geworden; dergleichen denken zu können, gehört zur Arbeit des Psychohistorikers und des Menschenbeschreibers und spielt daher am Rande auch des philosophischen und schriftstellerischen Metiers eine Rolle.

Und doch haben diese Überlegungen eine unheimliche Seite. Mir graut ein wenig vor dem Gedanken, daß alles bisher Zitierte im Jahr 1947 *de facto* gedacht, gesagt und zu Papier gebracht war. So standen damals die Denk- und Leidensverhältnisse, so wurde gesprochen, so wurde geleugnet, dies waren also die Anfangsbedingungen der Bundesrepublik; unter solchen äußeren Voraussetzungen trafen die deutschen Nachmitternachtskinder ein. Der kalte Krieg der Gewissen war in vollem Gang, und die äußeren Rüstungsspiralen begannen sich aufzuschrauben. Das alles ist mir unheimlich, nicht weil es mich etwas angegangen hätte – was haben Neugeborene mit den Seelenkrämpfen ertappter Nazi-Staatsrechtler zu tun? –, was gehen einen Lebensanfänger das besetzte Land und der verlorene Krieg und der Wiederaufbau an? Was weiß ein eben am Rhein zur Welt gekommenes Kind von der Bombe, die zweiundzwanzig

Monate vor seinem ersten Schrei im Fernen Osten detoniert war? Was hat ein sprachloses Wesen, ein *infans*, mit dieser Welt der Machtworte zu tun? Das Unheimliche ist eben, daß Neugeborensein eine unermeßliche Ferne und Beziehungslosigkeit zu all dem einschließt, was bisher geschehen ist und was sich fortzusetzen nicht aufhört. Das anfängliche Nochnichtwissen ist so umhüllend und zugleich so trügerisch, es hält sich in der Reserve gegenüber dem Stand der Dinge und genießt seine Verschonung, während doch die seit Jahrhunderten losgetretene Weltlawine weiterhin akzelerierend auf ihren Bahnen ist und keinem, der in diesem Weltteil hinzukommt, das Mitgerissenwerden erspart. Nicht für immer kann der Schutz des Nichtwissens währen. Gewiß, der Weltneuling trifft quasi schicksalslos ein, glücklich und leer wie ein unbeschriebenes Blatt, und hat sich doch darauf kapriziert, sich in diese Zeit, dieses Land, diese Sprache so lange einzuleben, bis er ein Teil von ihrer Geschichte wird – ein bewußtes oder unbewußtes Glied der menschlichen Kette, ein denkendes Molekül in der Kettenreaktion namens Neuzeit. War es klug, die Beziehungslosigkeit zur Welt zugunsten einer Beziehung aufzugeben? War es überhaupt ratsam, bei diesem Stand der Dinge geboren zu werden und in die deutsche Partie einzusteigen? Was für ein Ritt über den gefrorenen See der Geschichte ist ein neues Leben! Wie unfaßbar fern und neu und unmarkiert war das Bewußtsein, das damals erwachte, und was für eine absurde Arbeit war es, die deutschen Dinge in den Kopf zu bekommen. Was für ein Absturz in die deutschen Ruinen, die nationalen Seelenzustände, die Landestexte! Durch jahrelange Lektüren in deutschen Lebensgeschichten, in privaten und offiziellen Dokumenten dieses Jahrhunderts, habe ich gelernt, die persönliche Stunde Null mit den Nationaltexten, den Welttexten sowohl vorwärts wie rückwärts in der Zeitreihe ein wenig zu verknüpfen – immer noch sehr lose, versteht sich, aber doch genug, um eine vage Lokalisation des eigenen Lebens in den aktuellen Zeitläufen zu ermöglichen. Es hat etwas so Unwahrscheinliches, so Einsames und so Groteskes, durch historische Forschung Mitwisser und Nachvollzieher der Sorgen und Phantasmen deutscher und europäischer Menschen von damals zu werden, daß ich an manchen Tagen dazu neige, die jüngere Geschichte und ihre Auslegung in einigen Schlüsselgehirnen dieses Jahrhunderts nur für ein barockes Kapitel Literatur zu halten; sie kommt mir dann vor wie ein monströser Briefroman, den eine Clique von Hochstaplern miteinander, gegeneinander, durcheinander verfaßt hat. Aber ich überzeuge mich meistens schnell wieder davon, daß dieser wahrheits- und lügenträchtige Nationalbriefroman mit seinen zahllosen Verfassern und Zwischenrednern einer überwältigend realen und wirkungsmächtigen Geschichte entspricht.

Wenn aber das Unwirklichkeitsgefühl noch einmal überhandnehmen wollte, so bräuchte ich nur in dem deutschen Konvolut zu blättern – bis zu der Stelle, wo Thomas Mann Ende Mai 1945 in Washington in einer großen öffentlichen Rede über *Deutschland und die Deutschen* die schwindelerregende Unwahrscheinlichkeit seiner Lage in der Welt bezeugte. Schon damals ist ein Gefühl von der Unwirklichkeit des Wirklichen in die dokumentierte deutsche Geschichte eingezeichnet worden. Ich war damals minus zwei Jahre alt, Thomas Mann hingegen plus siebzig. Was Bescheidwissen über das Leben anging, hatte er einen enormen Vorsprung und hätte als Autorität auftreten können. Aber was er vor seinen Zuhörern zu Protokoll gab, zwingt nachträglich zu dem Schluß, daß Siebzigjährigkeit in diesen Dingen nichts bedeutet und vor Schwindelgefühlen und weltfremdem Staunen angesichts des Schicksals in keiner Weise schützt. Thomas Mann sagte zu seinem Publikum:

> ... Alles ist so seltsam, so wenig glaubhaft, so unerwartet...
> Träumerisch mutet es mich an, daß ich bin und wo ich bin...
> Wie komme ich her? Welche Traumwelle verschlug mich aus dem entferntesten Winkel Deutschlands, wo ich geboren wurde und wohin ich doch schließlich gehöre, in diesen Saal, auf dieses Podium, daß ich hier als Amerikaner stehe, zu Amerikanern redend? ...

Meine Damen und Herren, ich habe vorhin von der Kontinuität menschlicher Stimmen, menschlicher Aufzeichnungen gesprochen und finde hier eine der seltsamsten Bestätigungen dieser Unterstellung. Auch das Traumgefühl inmitten des Wirklichen, auch das Nichtrechtwissen, wie einem geschehen ist, auch der Zweifel an irgendeinem schlüssigen Zusammenhang zwischen dem eigenen Leben und der nationalen, globalen Geschichte – das alles gehört längst zu den in deutscher Sprache niedergeschriebenen Texten, ist im literarischen Nationalgedächtnis gespeichert und ist Teil der Überlieferung geworden. Meine Skepsis gegen das Zurweltkommenkönnen in Deutschland ist also nicht nur eine Neugeborenenfrage, sondern tritt auch als

Anwandlung reifer, welterfahrener Menschen auf. Ich kann mich leicht davon überzeugen, daß gelegentliche Neigungen zum zweifelnden Abschied von der nationalen Wirklichkeit bei uns ein gut belegter Zug der nationalen Wirklichkeit sind. Sich von deutschen Zuständen bis zur Entwirklichung entfernt fühlen und sich doch zugehörig wissen zu einer Geschichte, die eben hier spielt und nirgendwo anders – auch das ist schon deutsche Tradition.

Kein Kind weiß, in welches Land es geboren wird, und doch wird jedes Kind zu einem Originalepigonen seines Volkes abgerichtet. Epigonalität bedeutet Nachgeborensein; in politischen Dingen können nur Epigonen wirklich originell sein. Ja, vielleicht ist niemand so epigonal im schlechten Sinn des Wortes wie jemand, der dem alten Testament der Nationalität durch bloßes Nichts-mehr-wissen-Wollen entgehen möchte. Auch ein übernationales neues Testament kommt nicht umhin, seinen Sinn aus der Aufhebung des alten zu schöpfen.

Durch Schweigen werden nationale Fragen nicht erledigt. Gewiß, die Deutschen haben in diesem Jahrhundert sehr viel geschichtswirksames Schweigen in die Welt gesetzt. Nach 1945 haben viele unter ihnen die instinktive Überzeugung praktiziert, daß sie sich gesundschweigen oder sich in eine andere Verfassung hinüberschweigen sollten. Ob sie in jedem Fall gut daran taten, weiß ich nicht. Sicher bin ich nur dessen, daß die deutschen Schweigegeschichten, von denen die Schmittsche nur ein prominentes Beispiel ist, genauso folgenreich sind wie die Redegeschichten, die wir leichter fassen können. Wo es um Wirkungen in die Zukunft geht, ist die Zurückhaltung der richtigen Worte so folgenreich wie ihre Manifestation. Wer nach 1945 in Deutschland geboren wurde, sollte sich darüber im klaren sein, daß Nachgeborene, um selbst zur Welt zu kommen, noch im nachhinein das Schweigen ihrer Vorfahren an den entscheidenden Stellen brechen müssen. Es wäre fair, die Toten rückwirkend darauf aufmerksam zu machen, daß alles, was sie nicht gesagt haben, künftig gegen sie verwendet werden kann.

Jetzt ist es unvermeidlich, an den Schwarzwälder Schweigemeister Heidegger zu denken, der es im Nichtbezugnehmen auf die Ereignisse seiner Zeit besonders weit gebracht hat – obwohl das Grundwort seines Denkens Ereignis heißt. Noch ein großer Mann, noch ein alter Meister; auch er hatte sich mit den anspruchsvollsten Selbstdeutungen in den Gang der deutschen Dinge eingemischt und sich dann mißmutig ins Hochgebirge der Enttäuschung zurückgezogen. Über seine Schweigetechniken und Schweigetheorien ist in jüngster Zeit so viel gesagt worden, daß es mir besser scheint, die Diskussion darüber nicht weiter zu forcieren. Heideggers Name steht in Zukunft für jene Deutschen, die aufgetaucht sind aus der Flut und die doch – obwohl im Vollbesitz der Sprache – die richtigen Worte für die Zeit danach nicht fanden – nicht suchten? nicht hergeben wollten?

4. Landeskunde von oben und innen
Zur Einführung in die Theorie der allgemeinen Einwanderung

Meine Damen und Herren, diese Reminiszenzen bewältigen nichts – besonders nicht die deutsche Vergangenheit. Sie stehen hier, um das Phänomen des Hineingeratens in eine Nationalität an dem Stoff durchsichtig zu machen, der uns naheliegt und der uns gelegentlich bis zum Überdruß nachgeht oder nachgetragen wird. Deutsche Moralisten sind heute fast immer deutsche Geschichtslehrer. Das ist nicht mein Fall. Was ich diskutiere, ist das Problem des menschlichen Zurweltkommens inmitten einer sehr heißen Geschichte; ich möchte in Erfahrung bringen, was es heißt, in einer Zeit aufzuwachen, in der die Weltfrage als solche sich dramatischer stellt als zu jedem früheren Zeitpunkt des bewußten Lebens. Das moderne Lexikon hat auf die neue Lage reagiert; neue Vokabeln leuchten auf wie Warnlampen, die das Kritischwerden des großen Experiments anzeigen. Das *experimentum mundi* passiert nicht mehr nur in den Köpfen von Mystikern, Philosophen, Kirchenfürsten und Staatsmännern; die Wörter Weltkrieg, Weltmission, Weltpolitik, Weltwirtschaft, Weltverkehr und Weltnachrichten bezeichnen explosiv wirkliche Dinge und deuten auf Prozesse von großer Komplexität, unberechenbarem Eigenwillen und extremer Sprengkraft hin. Eine Welt, die solche Wörter braucht, um ihre Zustände zu beschreiben, ist ein

Schneller Brüter geworden. Die Verweltung der Welt ist das wahrhaft kopfzerbrechende Grundereignis dieser Zeit. Ein einzelner Kopf, der sich dieses Ereignis vorstellen möchte, wird bald an die Grenzen seiner Vorstellungskraft stoßen – nicht zuletzt deswegen, weil er irgendwann zu der erschreckenden Erleuchtung kommen muß, daß sein eigenes Denken und Vorstellen enthalten ist in diesem Grund- und Großereignis und von diesem getragen und getrieben wird. Unsere Gedanken über es und unsere Vorstellungen von ihm bleiben noch Eigentum des Ereignisses selbst. Alle modernen Weltaffairen entspringen zwar der Interaktion von Menschengehirnen, aber kein Menschengehirn vermag sich noch ein Bild von dem zu machen, was die Gehirnsozietäten in ihrem weltweiten Betrieb entfesselt haben. Das ist es, was ich provozierend finde. Was heißt denn Zurweltkommen in einer Zeit, in der die Welt selbst dabei ist, dichter, informierter und schneller Welt zu werden als je zuvor? Wie finden sich Menschen mit diesem doppelten Kommen zurecht – mit ihrem eigenen Hineinkommen in die Welt und mit dem Zusammenkommen der Welt als Welt? Inwiefern muß dieses Hineinkommen auch als ein Hinausfallen aus allem, was bisher Welt hieß, erlebt werden, und in welchem Sinn ist das Zusammenkommen der Welt als Welt auch als ein Auseinanderfallen, als Explosion, als Inflation aller Zusammenhänge zu beschreiben? Und was hat ein Land wie unseres in dieser Verweltungsgeschichte auszurichten?

Beginnen wir mit einer landeskundlichen Exploration von einem etwas gehobenen Standpunkt aus. Ich möchte eine Annäherung an Deutschland vom höchstmöglichen heute einnehmbaren Blickpunkt versuchen und bitte um ein wenig Geduld, wenn der Weg zu den deutschen Dingen, von oben gesehen, nicht sofort an die aktuellen Sorgen der Nation anzuschließen scheint. Ich glaube, meine Damen und Herren, daß alle erwachsenen Mitteleuropäer sich irgendwie einbezogen fühlen müssen in die Entstehung einer neuen Wissenschaft, die man als politische Meteorologie bezeichnen könnte. Sie trat in den letzten Jahrzehnten an die Stelle der guten alten Erdkunde unserer Kindheit. Meteore sind Dinge, die vom Himmel fallen. Gemäß dieser Definition haben die Wetterwissenschaften sich, dem Namen nach zumindest, als Theorie der Niederschläge konstituiert, das heißt als Studium der Dinge, die von oben kommen. Seit wenigen Jahren aber gibt uns eine neue Klasse von Niederschlägen zu denken: abstürzende Satelliten, abgenutzte künstliche Himmelskörper, defekte Weltraumstationen, schließlich auch vagabundierende Radioaktivität nach Nuklearexplosionen im Verbund mit klassischen Wolken und Winden. Das alles sind Neuerwerbungen unter den Dingen, die vom Himmel fallen, und ihretwegen ist eine politische Meteorologie für die Beschreibung der jüngsten Wirklichkeiten von Bedeutung. Diese Meteorologie ist eine Disziplin der Zeitgeschichte; denn heute wird auch Wetterkunde zu einem Fach der Geschichte und der politischen Theorie. Seit kurzem erst fallen der Menschheit selbstgemachte Dinge auf den Kopf; in jüngster Zeit erweckt der Blick zum Himmel nicht mehr nur das alte seelenweitende Staunen vor dem Raum und seinen Lichtpailletten. Was von nun an von oben kommt, kommt nicht mehr allein aus den Wolken und von den Göttern, sondern auch aus den Fabriken der Höchsttechnologien; diese haben die Menschheit mit einer neuen Kategorie meteorologischer Phänomene bekanntgemacht. Man erinnert sich vielleicht an die Nachricht, die vor wenigen Jahren die Weltpresse alarmierte: daß ein russisches Raumlabor mit einem Atomreaktor an Bord von der Bahn abgekommen sei und innerhalb der folgenden Wochen an einer nicht näher bestimmbaren Stelle der Erde niedergehen werde. In dieser Zeit waren die Medien voll von Berichten über die heruntertorkelnde Weltraummaschinerie, die sich der oberen Stratosphäre zu nähern begann. Damals waren alle Angehörigen der Menschheit Mitspieler in einer nuklearen Lotterie und hatten eine winzige, aber reelle Chance, daß ihnen der Hauptgewinn strahlend vor die Füße fällt. Die Affaire nahm ein unspektakuläres Ende, weil dieser politische Meteor in einer menschenleeren Gegend, ich glaube irgendwo im australischen Raum, zur Erde zurückkam. Seither ist ein starker Themenwechsel zugunsten von Klimatheorien aufgetreten; man befaßt sich jetzt mehr mit globalen Emissionsproblemen, also mit Gasen und deren Temperaturen und Strahlenfilterqualitäten, so daß die Theorie der politischen Meteore sich vorläufig ohne breite öffentliche Anteilnahme weiterentwickeln muß. Trotzdem spielen die neuen künstlichen Himmelskörper, auch wenn sie nicht herunterfallen, für die menschheitliche Selbstwahrnehmung eine nicht hoch genug einzuschätzende Rolle. Denn unter den zahlreichen Satelliten, die zur Zeit über der Erde stationiert sind, gibt es einige, die mit ihren Kameraaugen und ihren Bildfunksystemen die Erde permanent im Blick halten. Diese künstlichen Augen, zumeist Militär- und Klimasatelliten, haben für die Selbsterfahrung der Menschen auf ihrem Aufenthaltsort eine unabsehbar weitreichende Bedeutung. Wir legen uns in der Regel keine Rechenschaft darüber ab, was mit uns geschieht, wenn wir seit Jahren jeden Tag Selbstobservationen der Erde vom Weltraumkameraauge geliefert bekommen. In der Fernsehsphäre der industrialisierten Welt wird unaufhörlich ein revolutionär neuer Blick auf die Erde eingeübt; auch wer nie darüber nachdenkt, wird einbezogen in eine Sehweise, die unweigerlich eine neue Form von Selbstbeobachtung, Selbsterfassung und schließlich auch Selbstreflexion bei den Erdbewohnern hervorruft. Es ist keine Harmlosigkeit, die Erde täglich von außen und oben visualisiert zu sehen. Die Satellitenoptik ermöglicht uns eine kopernikanische Revolution des Blicks. Für alle früheren Menschen war ja der Blick *zum* Himmel so etwas wie eine naive Vorstufe des philosophischen Über-die-Welt-Hinausdenkens und eine unwillkürliche Erhebung zur Anschauung einer Unendlichkeit. Seit dem Oktober 1957 jedoch ist etwas in Gang gekommen, was zur Umkehrung des ältesten Menschheitsblickes führte: der erste Satellit wurde über der Erde ausgesetzt. Bald danach wimmelte es im erdnahen Weltraum von Satellitenaugen, die das uralte Phantasma des göttlichen Herabschauens von sehr weit oben technisch realisieren. Seit den frühen sechziger Jahren ist somit eine umgekehrte Astronomie entstanden, die nicht mehr den Blick vom Erdboden zum Himmel richtet, sondern einen Blick vom Weltraum aus auf die Erde wirft. Erst von da an »gibt es« den blauen Planeten – Erdkunde ist zu einer himmelskundlichen Disziplin geworden. Wer heute zur Welt kommt, wird Bürger eines bewölkten, sich selber photographierenden Sterns – Bewohner eines merkwürdigen Treffpunkts zwischen Bewußtseinen und Universen.

Ich gebe zu, daß dieser Exkurs ein Zurückkommen auf das Bedürfnis nach einem festen deutschen Standpunkt kaum noch erlaubt. Für die Weltraumkamera ist die Kategorie Deutschland so inexistent wie alles, was weit unten, historisch, symbolisch und menschlich ist; das Deutschland genannte Territorium verliert sich von oben gesehen irgendwo in dem vielgliedrigen Westausläufer der größten zusammenhängenden Landmasse dieses Planeten. Von dem höchstmöglichen Blickpunkt aus gibt es weder Deutschland als abgrenzbare staatliche Größe, geschweige denn eine deutsche Frage. Von beidem kann erst die Rede sein, wenn man viel Höhe eingebüßt und den freisetzenden Abstand von den Erdrindenzuständen verloren hat. Ist aber das Bewußtsein erst einmal, und wäre es nur für kurze Zeit, satellitengleich geworden, so ist das schlichte Sichzurechnen zu einem politischen Grundstück auf der Erde dort unten für immer gestört. Es erscheint von da an unglaublich, daß Menschen sich selbst so tief einstufen konnten, wie national und territorial Identifizierte es seit langem zu tun gewohnt sind. Die Selbstzurechnung von Menschen zu Territorien muß künftig wie eine flache Hypnose, eine willkürliche Besessenheit wirken. Nur in völliger Unkenntnis ihrer planetarischen Position können Erdoberflächenwesen sich für Ausgeburten eines kleinen Stück Landes halten und sich im Bewußtseinshorizont von politisierenden Wirbeltieren einrichten. Die Satellitenaugen starren so großzügig wie Götter und so boshaft, wie nur Unbeteiligte es können, über die kleinen Unterschiede hinweg, die für die Kinder von Blut und Boden die Welt bedeuten. Alles, was sich mit weniger als der Erde insgesamt identifiziert, wird durch diese Großräumigkeit der Sicht deklassiert. Die Wettersatelliten sind es also, die den Erdenbürgern des ausgehenden 20. Jahrhunderts Unterricht in Heimatkunde erteilen.

Will man von der politischen Meteorologie wieder zur menschlichen Geschichte von unten her übergehen, so müßte man unter anderem die Geschichte der satellitenbauenden Intelligenz schreiben – wozu auch die Geschichten der Raumfahrt, der Medien und des Nachrichtenwesens gehören. Und erst im Kontext dieser Geschichten tauchen, unter vielen anderen, wieder deutsche Namen auf – Namen, die sich in den Prozeß der neuzeitlichen kognitiven Revolutionen eingeschrieben haben. Deutsche Wissenschaftler, Techniker und Industrielle waren vielleicht nicht ganz unwichtig für die Entwicklung zum satellitären Höhenblick, der sehr viel mehr »sieht« als unser Land und dabei dieses schon nicht mehr als solches erkennt. Die Landeskunde von oben bringt das Land und die Länder überhaupt tendenziell zum Verschwinden. Deutschland kommt von da an nur noch als Ausgangspunkt für einen überdeutschen Standpunkt in Betracht. Man kann nicht jeden Abend Wettersatellitenbilder mit einem großen Ausschnitt der nördlichen Erdkugel zeigen und zugleich den so Informierten weiterhin die inneren und äußeren Grenzen aufreden wollen, die früher zur nationalpsychologischen Identitätsform gehörten. Die Sicht von oben lehrt begreifen, wie absurd es ist, daß Bürger moderner Staaten weniger souverän und bewegungsfrei sein sollten als skandinavische Kaltfronten und regenschwere Wolkenmassen vom Atlantik. Auch deswegen ist Meteorologie paradigmatisch für die künftige Bildung politischer Bewußtseine.

Ich hoffe, meine Damen und Herren, daß diese Überlegungen nicht nur als Einübung in unpatriotische Perspektiven verstanden werden. Dem deutschen Gemüt wird ja nachgesagt, es habe einen Hang zur Romantik der Großräumigkeit – und was könnte in diesem Sinn deutscher sein als die Solidarisierung des irdischen Bewußtseins mit der exzentrischen Optik von Satellitenobjektiven? Dennoch möchte ich diese erhebenden Betrachtungen hier nicht weiterverfolgen. Die teleskopische Sicht auf die deutschen Dinge riskiert am Ende doch zu sehr, dieselben ganz aus den Augen zu verlieren. Wer zu politischen Dingen sprechen möchte, darf keine allzu jovialen Standpunkte einnehmen – zumal nicht in einem Augenblick, in dem auf der mitteleuropäischen Erdoberfläche aufsehenerregende Vorgänge zu beobachten sind. Zur Rettung der landeskundlichen Phänomene will ich so nahe wie möglich ans nationale Geschehen herangehen und es im folgenden mit einer endoskopischen Optik versuchen. Diese vermittelt sehr intime Ansichten deutscher Individuen und erlaubt uns, die Subjekte der deutschen Frage buchstäblich *in statu nascendi* zu observieren. Nicht nur die Teleskopie, auch Endoskopie kann unser Bild vom Menschen verändern. Mit Hilfe optischer Sonden und hochentwickelter Darstellungsmethoden können wir dem werdenden deutschen Leben bis in seinen intrauterinen Ozean entgegentauchen und das deutsche Wesen *ob ovo* entstehen sehen. Wer erinnert sich nicht an die inzwischen trivial gewordenen, seinerzeit aber noch sensationellen ersten Dokumente der Intrauterinphotographie, die uns seit wenig mehr als einem Jahrzehnt rückwirkende Einblicke in unser Dasein als submarines Schwebewesen gestatten? Seit die Photographie zur Fötographie geworden ist, hat die wissenschaftliche Forschung eine weitere Unsichtbarkeitsschwelle überschritten und das schlechthin Verdunkelte von einst einsehbar, darstellbar und vorzeigbar gemacht. Für die neuzeitliche Neugier ist auch Reinentsprungenes kein Rätsel mehr. Das Licht der Welt kommt dank endoskopischer Zudringlichkeit dem Ungeborenen entgegen und belichtet es in seinem präexistentiellen Nochnicht(da)sein. Das in den Mutterleib vorauseilende Licht ist so enthüllend und so grell, daß ein gleichzeitig eindringendes Objektiv das plazentare Leben aufzeichnen kann wie bei hellichtem Tag. Somit ist heute der Blick nach innen nicht mehr nur Sache der Meditation, sondern gehört auch zum Alltag der medizinischen Perinatalistik und der Gynäkologie.

Ich möchte dieser endoskopischen Innenansicht eine landeskundliche Wendung geben und auf Probleme einer politischen Gynäkologie und einer politischen Perinatalistik aufmerksam machen. Letztere ist die Wissenschaft der geburtsrelevanten Dinge und hat, als politische Disziplin aufgefaßt, die bisher völlig vernachlässigten Zusammenhänge zwischen Staatlichkeit und Geburtlichkeit zum »Gegenstand«. Ich versuche, im folgenden ein paar Fragen zu formulieren, die in die seltsame Logik jener neuen politischen Geburtswissenschaften einführen.

Wo fängt denn wirklich unsere Zugehörigkeit zum eigenen Land an? – wann und wo beginnt für uns das Dasein »in« Deutschland? An welcher Stelle entspringt das deutsche Wesen? Aus welcher Quelle beginnt der Strom der deutschen Dinge zu fließen? Muß man nicht, wenn man intimste Landeskunde treiben will, bis zu den nationalen Müttern hinabsteigen? Was könnte deutschlandträchtiger sein als eine werdende Mutter mit bundesrepublikanischem Reisepaß, die, wie man sagt, guter Hoffnung ist, einen neuen Erdenbürger aus sich zu entlassen? Für wie deutsch sollen wir einen solchen Neuling halten? Beginnt denn seine Einbürgerung schon in vorgeburtlichen Zuständen? Oder setzt die Eindeutschung erst im postnatalen Stadium ein? Ist ein Neugeborenes zunächst ein neutrales Weltkind mit kosmopolitischen Tendenzen, das erst durch Familie und Nationalmilieu volksmäßig zurückgestutzt wird? Sind etwa alle Landeskinder nur Beutesubjekte, die von ihren Erzeugern als Geiseln für die nationale Reproduktion genommen wurden? Oder fängt die Weitergabe eines deutschen Wesens schon *matris in gremio* an, so als ereignete sich bei der Befruchtung eines nationalen Eies die deutsche Urzeugung? Oder beginnt die deutsche Anheimelung des Fötus fristenlösungsgerecht nach dem dritten Monat? Wie steht es überhaupt mit den Ursprungsgarantien bei bundesrepublikanischen Retortenbabys? Wie reinentsprungen kann Leben sein, das sich einer *generatio in vitro germanico* verdankt? Sind deutsche Kinder von nicht-deutschen Leihmüttern bereits als Immigranten anzusehen? Kann deutsch nur sein, wer schon ein intrauterines *tuning* mit deutscher Klangumgebung mitbekommen hat? Sorgt das fötale Mithören der Muttersprache von innen her bereits für einen hinreichend starken Eindeutschungszauber, der eine spätere Nationalisierung des Ich vorbereitet? Ist die Vorstrukturierung des fötalen Ohrs durch die Mutterstimme bereits eine verbindliche Einstimmung ins nationale Dasein? Oder sollen wir uns eher an dem unbezweifelbaren Befund orientieren, daß Kinder gleich welcher Herkunft jede beliebige Sprache der Welt mühelos als Erst- oder »Muttersprache« zu akzeptieren pflegen, wenn sie zur richtigen Zeit in diese hineinwachsen? Halte ich mich, wenn »ich« unterwegs bin, schon in dem Land auf, in dem meine Mutter aktuell lebt? Bin ich, wenn ich das Licht der Welt erblicke, auch wirklich schon in Deutschland? Gibt es ein spezifisch deutsches Licht? Oder beginnt meine innere Einreise in dieses Land erst in dem Augenblick, in dem ich seine Sprache erlernt und Stimmrecht erworben habe?

Meine Damen und Herren, ich stelle nicht nur diese bizarren Fragen, ich halte auch ein Plädoyer dafür, sie so beharrlich wie möglich zu stellen, mögen sie auch fürs erste Anhören bis zur Absurdität befremdlich klingen. Nur wer ihre Fragelogik als solche durchschaut, scheint vorbereitet zu sein auf die Wandlungen in der Politologie des dritten Jahrtausends, von dem uns gerade ein Jahrzehnt noch trennt. Auf lange Sicht können sich die Nationen nämlich nur behaupten, wenn sie jenseits ihrer archaischen Reproduktionsegoismen sich ihrer wirklichen Funktion bewußt werden: sie sind ihrem Wesen nach Einrichtungen zur Begrüßung und Integration von neu hinzukommendem Leben. Über alle Nationalismen hinweg werden die Intelligenzen der Völker einzusehen haben, daß jedes menschliche Leben seiner Struktur nach bereits den Charakter einer Einwanderung in ein Land, eine Nation, eine Population besitzt; Einwanderer sind wir alle, auch wenn die historischen Völker und Nationalstaaten bisher alles getan haben, um ihren Nachgeborenen die Erinnerung an ihr Schweben vor der nationalen Vereinnahmung zu nehmen. Allzu gern haben die Nationen die Bewußtseine ihrer Neuankömmlinge konfisziert und ihnen die Zugehörigkeit zu Verwandtschaft und Boden eingebrannt. Die Politik der Einsprachigkeit tendiert dazu, die Weltzuwanderer in eine nicht mehr korrigierbare nationale Klausur einzuschließen.

Diese Formen von konfisziertem und einsprachigem Bewußtsein sind es, die von den Tendenzen des dritten Jahrtausends hinweggefegt werden. Nur wenn wir imstande sind, auch Geburten als Einwanderungen zu denken und sie nicht mehr instinktiv als absolute nationale Produktionen mißzuverstehen, können wir hoffen, politisch und mental den Herausforderungen der kommenden Ära gewachsen zu sein: was vor uns liegt, ist das Jahrtausend der Migrationen. Die ungeheuer anwachsenden Wanderungspotentiale auf dem Planeten lassen sich mit einer alten nationalstaatlichen Logik nicht mehr denken, geschweige denn steuern und integrieren. Schon jetzt ist absehbar, daß die Weltinnenpolitik der Zukunft substantiell eine Welteinwanderungspolitik sein wird. Deren dunkle Seite kündigt sich bereits als Weltausbürgerungspolitik an; unmittelbar bedrohlich ist das vor allem für den sehr großen Teil der Menschheit, der an der Arm-Reich-Grenze ausgesondert und zum Objekt einer Welt-Apartheitspolitik gestempelt werden wird.

Politische Meteorologie, politische Gynäkologie – beides im Dienst einer Landeskunde von oben und innen; Sie sehen, meine Damen und Herren, daß man am Ende des 20. Jahrhunderts ganz neue Methoden ins Spiel bringen muß, um die Frage nach dem eigenen Land auf der Höhe der Zeit abzuhandeln. Die teleskopische und die endoskopische

Heimatkunde werden allmählich ein neues Herkunftsbewußtsein erzeugen; dieses lockert unaufhaltsam die alten Zuordnungen zwischen Territorien und Selbstbewußtseinen. Auf die nationalperspektivische Kleingeistigkeit kommen schwierige Jahre zu. Man wird bald nicht mehr sagen können, ich bin ein Deutscher oder eine Deutsche, ohne daß sich die Frage einmischt, wie bist du es geworden, wie hat man dich dazu gebracht, in welche Falle wolltest du da laufen? Die nationalen Fragen werden für die Intelligenz aller entwickelteren Völker zu einer Schule der Ironie.

Soll ich eine Prophezeiung über die Zukunft der Nationalitäten wagen, so sage ich voraus, daß wir die psychologischen Krisen vor uns haben, die zum Übergang ins erdbürgerliche Zeitalter gehören. Die aktuellen nationalen Renaissancen sind nur ein Aufbäumen der alten psychopolitischen Lokalverfassungen gegen einen Weltlauf, der intelligentere Selbstbezeichnungen und großzügigere Identifikationen der Menschen wünschenswert macht. Auf der Spitze der Modernität kündigt sich längst ein neuer Modus des menschlichen Zurweltkommens an. Das erdbürgerliche Zeitalter ist die Ära der allgemeinen Immigration. In ihm treten Adoption und Naturalisierung gleichrangig neben die Welteinwanderung durch Geburt. Hiergegen lehnt sich der alte nationale Adam verzweifelt auf. Aber wenn diese Weltrevolution der Fortpflanzungsordnungen nicht gelingt, so droht der Zivilisationsprozeß im ganzen zu scheitern. Dann liefen die halbierte Verweltung der Welt und die halbierte Vermenschlichung des Menschen auf ein und dieselbe anthropologische Katastrophe hinaus: auf die Verwüstung der Erde durch eine Spezies, die unfähig blieb, den Geist der Einwanderung allgemein genug zu fassen.

Der Auszug der menschlichen Intelligenz aus dem nationalen Gehäuse ist keine nur zeitgenössische und neuzeitliche Erscheinung. Seit dem Auftreten von ersten Philosophien und Hochreligionen haben Menschen mit dem Abenteuer der humanen Verallgemeinerung begonnen – im Osten nicht weniger als im Westen. Seither hat die Geschichte selbst die Form eines fortschreitenden Verallgemeinerungsdramas angenommen; sein Inhalt ist die Durchsetzung einer inklusiven Weltgesellschaft; diese kann es keinem Individuum und keiner Gruppe mehr erlauben, sich als Nichtmitglieder oder als Vorzugsmitglieder der kommenden globalen Kommune zu verstehen. Das Wort Menschheit antizipiert daher den Endzustand eines so verheißungsvollen wie unheimlichen Prozesses: Es benennt die vollendete Einkreisung des Menschen durch den Menschen. Die »Menschheitsgeschichte« selbst ist in diesem Licht betrachtet nichts anderes als ein gewaltiges Geiseldrama: sie läuft hinaus auf die Geiselnahme der Schwachen durch die Starken; die Gängelung der beliebigen Vielen, die Geschichte erleiden, durch die auserwählten Wenigen, die Geschichte machen; die Überwältigung der Zurückhaltenden, der Selbstgenügsamen, der Bewahrenden durch die Angreifenden, die Hervortretenden, die Verbrauchenden. Seit dem 15. Jahrhundert haben die europäischen Imperialismen mit ihrem Überfall auf die Völker der Erde im ganzen Ernst gemacht. Aber erst im weltpolitischen Spielraum des 20. Jahrhunderts sind die Dinge so weit gekommen, daß aus jedem Geiselnehmer auch eine Geisel, aus jedem Erpresser auch ein Erpreßter geworden ist. Es ist die Pointe der modernen Geschichte, daß ihre Agenten – die Missionare, die Strategen, die Händler, die Forscher, die Hersteller, die Reporter – inzwischen den Globus umrundet und den imperialen Ring geschlossen haben. In eben dieser Schließungsphase leben wir gegenwärtig. Sie führt unaufhaltsam zu einer globalen Synchronisierung der lokalen Wirklichkeiten. Für eine Synchronwelt aber ist es typisch, daß in ihr der Austausch zwischen gleichzeitig Lebenden die Oberhand gewinnt über die Tradition der lokalen und nationalen Lebensformen. Wenn Synchronisierungszwang wirklich das Gesetz der Moderne ist, so läßt dies die Ideologie der Nationalität nicht unberührt. Nationen sind politische Herkunftsordnungen; in einer Synchronwelt jedoch tritt alles Herkunftsmäßige und Eigene in die zweite Reihe, um den Austauschbeziehungen mit dem Gegenwärtigen und Fremden den Vorrang zu überlassen. Das wird das Schicksal der Nationen im dritten Jahrtausend besiegeln: ihre Angehörigen werden sich einleben müssen in eine Welt, in der die fremden Lebenden wichtiger werden als die eigenen Toten.

5. Weissagung auf Deutsch

Man hat einmal gesagt, die Nation ist kein Fiaker, aus dem man an der nächsten Ecke aussteigen kann, wenn einem die Fahrt nicht mehr gefällt. Das bleibt richtig, auch wenn die Verkehrsmittel modernere geworden sind; heute ist die Nation eher ein Hochgeschwindigkeitszug, der in eine Gegend rast, von der niemand weiß, ob es dort überhaupt Schienen gibt. Die Modernisierung des Vergleichs hat den Vorzug, daß man mit ihm die bei der Reisegesellschaft im Zug sich zunehmend ausbreitende Befürchtung umschreiben kann, daß schon seit längerem niemand mehr in der Lokomotive ist.

Fragen wir also, was ist heute eine Nation? – wobei mit dem Wort »heute« das Zeitalter der acephalen Systeme gemeint ist; in ihm trennt man sich allmählich von den Phantasmen der zentralen Steuerung. Wie ich auf diese Frage antworten werde, können Sie nach den obigen Totenbeschwörungen im Zitat und nach meinen landeskundlichen Exkursen erahnen. Ich werde behaupten, daß die Nation ein Stimmengewirr ist, ein Rauschen von Informationen in den Ohren und den Körpern einer Bevölkerung. Stellen Sie sich bitte vor, Sie betreten eine Halle, wo zwei-, dreitausend Menschen im Gespräch an Tischen sitzen; versuchen Sie, dieses Summen und Brausen im Saal zu imaginieren; betreten Sie diesen Geräuschteppich, aus dem kaum noch Einzelstimmen herauszuhören wären; spüren Sie diesen

Klangknebel einer ganz von sich selbst und ihren Lebensäußerungen durchdrungenen Gesellschaft. Nun übertragen Sie dieses Geräuschbild ins Riesenhafte, hören Sie das Simultangeräusch von vierzig, sechzig, achtzig Millionen deutschen Stimmen, schaffen Sie in sich diese nationale Detonation, dieses historische Dröhnen über einem Territorium, dieses furchterregende Brausen einer Nationalsprache, die schon seit Hunderten von Jahren anschwillt. Mir scheint, man müßte für die Völker nicht nur optische Satelliten bauen, sondern auch akustische und sollte abends beim Wetterbericht eine Satellitenaufnahme vom Simultanton der Nationen ausstrahlen. Und wie die Wolkenspiralen über Europa, die wir fast täglich auf den Bildschirmen sehen, an den Staatsgrenzen nicht haltzumachen pflegen, so wäre es auch kaum möglich, aus dem ungeheuren Klangteppich der Kontinente den deutschen Sonderton so klar herauszufiltern, daß er allein zu hören wäre.

Unsere Gehörphantasie stößt an ihre Grenzen, wenn sie sich auf das Spiel mit einer politischen Akustik einläßt. Die Nation als kollektives Geräusch und als Stimmengewirr über einem Stück Erde löst sich bald in der Unvorstellbarkeit auf, sie bleibt unerhört, bleibt ein Ungeräusch. Das hat auch einen Grund in der Natur der Sache: der Sprache. Denn eine Nationalsprache ist ebensosehr Schrift wie Stimme, ja vielleicht mehr noch Bibliothek als Stimmengewirr, mehr Druckerei als Parlament. Ich möchte also meine Definition erweitern und sagen, die Deutschen sind, wie die übrigen Völker auch, eine neurologische Bibliothek; in deutschen Nervensystemen, in deutschen Synapsenschaltungen ist das Reallexikon der deutschen Geschichte aufgezeichnet. Die Deutsche Bibliothek steht also nicht in Frankfurt, sie steht überhaupt nirgendwo; denn diese reale Bibliothek, das sind wir – lebende Eintragungen in die mitteleuropäische Bibliographie. Und wir stehen nicht, wir sausen herum, wir wimmeln, wir sind mobil, wir sind eine rasende Buchgemeinschaft... Sicher, kaum jemand weiß, wie man diese Bibliothek intelligent benutzt. Noch immer leben wir wie Analphabeten; wir lesen uns nicht genug. In zahlreichen Schriftsystemen ist die gesamtdeutsche Informationsmenge in unsere eigen- und fremdkörperlichen Aufzeichnungsmedien eingeschrieben; so brauchen wir nur in uns zu blättern oder anhand von Paßwörtern die historischen Programme aufzurufen, und der deutsche Text erscheint vor uns, in uns, durch uns, genau wie er fixiert wurde, in gotischen und lateinischen Lettern, handschriftlich, in Klarschriftleserbuchstaben, auch körpersprachlich, in Zellgedächtnissen, sogar im körpereigenen Mineralwasser, wenn es denn sein muß. Verstehen Sie das richtig – als vor vier Wochen deutsche Menschen weinend durch die Mauer gingen, da spielte die Szene ganz innerhalb der deutschen neurologischen Bibliothek – an dieser Stelle waren im Textbuch Tränenmöglichkeiten codiert; unter dem Kennwort Wiedersehen waren im psychosomatischen Nachkriegsszenario Lachen und Weinen vorgeschrieben – nun kam das Paßwort, das Passierwort; den Rest der Passage buchstabieren wir seither aus uns heraus – auf der Suche nach dem richtigen Text für das nächste deutsche Kapitel, den Klugheit und Dummheit um die Wette schreiben. *Nulla dies sine linea.*

Aus meiner Privatbibliothek habe ich vorhin Texte zitiert,

die ich ein wenig irreführend als Stimmen vorgestellt habe, obwohl sie für uns zunächst keine Ohrensache gewesen sind, sondern Schriftstücke, Aufzeichnungen aus der finsteren Zeit – adressiert an Menschen, die so leichtsinnig waren, damals Deutsche zu sein, ja sogar so triebhaft, weitere Deutsche in die Welt zu setzen; vielleicht dachten sie, dieses Spiel der Chromosomen, der Buchstaben, der Stimmen in Mitteleuropa müsse über den Krieg hinaus auf alle Fälle weitergehen. Meine Zitate dokumentieren Deutschland als angesprochene, als angeschriebene Nation – und diese Zitate sind zum Teil immer noch auf der Suche nach ihrem Adressaten. Sie sehen, meine Damen und Herren, ich spiele hier ein wenig den Nationalbriefträger, der sich davon überzeugt hat, daß eine Nation vor allem eine Anschrift ist. Die Bündnispost, deren Austräger die Schriftsteller sind, arbeitet langsam; wie man sieht, sind Zustellungen mit vierzigjähriger Verspätung weniger die Ausnahme als die Regel. Es ist so viel Nachkriegspost dabei; auch eine Menge unklar adressierter Post zwischen den Generationen, viel psychohistorischer Flüstertext aus dem unerlösten Leben von früher. Für eine Nation aber ist es gut, besser verspätet als nie die Briefe ausgehändigt zu bekommen, in denen ihre Geburtsversprechen formuliert wurden.

Die Kinder der angesprochenen, angeschriebenen Nation schreiben und sprechen seit einer Weile selbst; weil aber die Nationalpost mit ihren Zustellungen so zögerlich und unzuverlässig umging, ist es noch immer ein wenig so, als käme unsere Sprache historisch aus dem Nichts. Wir sind da wie vom Himmel gefallen. Man fängt mit elementaren Sätzen an, man versucht, so dicht wie möglich bei dem zu bleiben, was man selber wissen kann; will den Mund nicht voll nehmen, kein Wort zuviel sagen. So wird das Nachkriegsdeutsch zu einer Sprache für Tatsachenfeststellungen und für Dementis. Deutsch wird zur Fremdsprache im eigenen Land; wir hatten ja Grund, kein Wort zu glauben, das nicht durch Beweis und Augenschein beglaubigt war. Der deutsche Satz wurde bleiern; die deutsche Sprache mußte sich an die Arbeit machen wie eine Kriegsheimkehrerin, der der Mut zum Reden vergangen ist. Sie war des Lügens und Schwärmens müde, sie blieb wehrlos dagegen, daß jetzt Juristen sie sagen ließen, was sie wollten, und daß Politiker in ihr von der Phrase zur Tat schritten. Es war, als ob die Sprache trauerte und resigniert hätte vor ihrer Aufgabe, Welten zu eröffnen. Der Grund dieser Trauer und dieser freiwilligen Selbstkontrolle der Stimmen war dem Gefühl seit langem deutlich, auch wenn wir Mühe gehabt hätten, die Begründung für diese Zustände ausdrücklich darzulegen. Ich will so sagen: Man konnte in deutscher Nachkriegssprache anständigerweise keine Sätze im Futur mehr bilden; man konnte auf Deutsch nichts versprechen; Deutsch war als Weissagungssprache ruiniert und in ihrer Kraft zur Ankündigung von Zukünften genauso zerstört wie die deutschen Städte. Aber ihr Wiederaufbau dauert länger. Das hat niemand so gut verstanden wie der junge Peter Handke, als er sich in den sechziger Jahren mit seinen Sprechstücken zu Wort zu melden begann. Lassen Sie mich aus meiner Privatnationalbibliothek ein paar Handkesätze zitieren, die präzise vorführen, wie man damals, kurz vor dem Ende der Bleisatzjahre, im Deutschen das prophetische Futur probierte.

abcd
Und die Umgewandelten werden sich wie umgewandelt fühlen.
Und die zu Salzsäulen Erstarrten werden stehen wie zu Salzsäulen erstarrt.
Und die vom Blitz Getroffenen werden fallen wie vom Blitz getroffen.
Und die Gebannten werden lauschen wie gebannt.
Und die Versteinerten werden stehen wie versteinert.
Und die Gerufenen werden kommen wie gerufen.
Und die Gelähmten werden stehen wie gelähmt.
Und die vom Donner Gerührten werden stehen wie vom Donner gerührt.
Und die Schlafenden werden gehen wie im Schlaf.
Und die Bestellten und nicht Abgeholten werden stehen wie bestellt und nicht abgeholt.
Und die Ausgewechselten werden sich fühlen wie ausgewechselt.
Und die Gespiegelten werden sich sehen wie gespiegelt.
Und die Zerschlagenen werden sich fühlen wie zerschlagen.
Und die vom Erdboden Verschluckten werden wie vom Erdboden verschluckt sein.

Ist Handke ein unpolitischer Autor? Ich sehe niemanden, der das Problem von Deutsch als abgestorbener Prophezeiungssprache so variantenreich verfolgt hätte wie dieser Österreicher, der in der Maske des politikfernen, introvertierten Schriftstellers ein sprachontologisches Experiment durchführt: die Funktion des Futurs für die deutsche Sprache wiederzuentdecken; so präzise wie möglich, so pathetisch wie nötig. Vom Nullpunkt der Prophezeiung aus hat sich Handke allmählich von der Tautologie zum gehaltvollen Satz über das offene Wirkliche vorangetastet. Beginnen mußte das notwendigerweise so:

   c
Die Feder wird federleicht sein.
    b
  Die Galle wird gallenbitter sein.
      a
    Der Kalk wird kalkweiß sein.
         d
      Die Butter wird butterweich sein.
   c
Der Gedanken wird gedankenschnell sein.
    b
Das Haar wird haarfein sein.
      a
Das Sterben wird sterbenslangweilig sein.
        d
    Die Toten werden totenblaß sein.
   c
Den Sterbenden wird sterbensübel sein.
    b
Der Rabe wird rabenschwarz sein.
      a
  Die Bretter werden brettereben sein.
        d
    Die Haut wird hautdünn sein.

c
Der Finger wird fingerdick sein.
  b
  Die Fäden werden fadenscheinig sein.
    a
    Der Stein wird steinhart sein.
abcd
Jeder Tag wird ein Tag sein wie jeder andere.

Handke nannte seinen Text *Weissagung* – wie sonst? Mir scheint, wir hätten damals jeden, der mehr vorausgesagt hätte, für einen Schwätzer gehalten. In Deutschland – sagte Benn – pflegt man Denker, die ihrem Weltbild sprachlich nicht gewachsen sind, als Seher zu bezeichnen. Nun, dachten die Nachkriegskinder, wenn das so ist, dann entfernen wir alles aus unserer Sprache, was mit Sehen, mit Vorhersehen, mit Vorhersagen zu tun hat. Wir wurden die Generation ohne Versprechen. Genauer, die Generation, die sich versprach, sich nicht zuviel zu versprechen. Was aber wäre zuviel? Wie wenig kann man sich versprechen? Wie weit kann man gehen bei dem Versuch, am Leben zu sein und sich doch nichts davon zu versprechen?

Wer zur Generation ohne Versprechen gehörte, mußte im Lauf der Zeit die Erfahrung machen, daß menschliches Leben ohne Versprechen etwas Unmögliches ist. Die Explosion neuer, wilder, ungenauer, politischer und pseudopolitischer Versprechen hat es seit 1968 gezeigt. Sich wieder etwas versprechen – wie macht man das? Für uns mußte der Konflikt zwischen dem Nichtversprechenkönnen und dem Versprechenmüssen zum Zentrum der deutschen Sprache werden, ja nicht nur zum Zentrum der Sprache, sondern auch zu dem der deutschen Sache, der deutschen Frage. Deutsch sein heißt, sich unsicher sein darüber, was man sich selbst und der Welt versprechen darf. Ich glaube, daß diese Unsicherheit im Versprechen von der deutschen Rolle in der Welt nicht mehr zu trennen sein wird. Denn wir wissen nichts so genau wie dies, daß es keine deutsche Weltmission mehr gibt. – Gerade weil das jetzt sonnenklar einsichtig ist, ergibt sich daraus eine kritische Mission gegenüber den Missionen. Diese erkennt die Notwendigkeit, bei den mächtigen Missionsträgern in der Welt, den politischen wie den religiösen, ein radikales Nachdenken darüber auszulösen, wie zu versprechen sei und wie nicht, was zu versprechen sei und was nicht. Die Weltfrage stellen heißt heute, mit der Kritik der Missionen und ihrer Auserwählten zu beginnen. Die deutsche Sprache ist wohl die erste in der Welt geworden, in der die tradierten Versprechen und Verheißungen, heilig oder profan, nicht einfach weitergesagt und nachgeredet werden können. Sie kann weder den deutschen noch den amerikanischen, noch den russischen *way of life* im planetarischen Maßstab weitersagen wollen, ohne Unheilspropaganda zu treiben. Sie darf auch den Erlkönigen der Ökonomie ohne Grenzen nicht nach dem Munde reden. Wer auf Deutsch etwas versprechen will, muß sich über das Was und das Wie seines Redens in Zukunft radikalere Gedanken machen als irgendwer irgendwo sonst. Freilich, sogar während des Weltkriegs war Deutschland als angesprochene Nation nicht völlig ausgeschlossen von den Strömungen der moralischen, der poetischen und der prophetischen Versprechen, in denen die sprachliche Selbstvermittlung der Menschheit geschieht; nicht zuletzt dies haben meine Zitate zeigen sollen. Ich frage also, was heißt es, heute, von der deutschen Skepsis her, von der unprophetischen Schwerkraft deutscher Seelenzustände her, hineinzuhorchen in das Rauschen der zahllosen Sprachen auf der Erde, in denen Lebensversprechen weitergesagt worden sind – haltbare und unhaltbare, kluge und verworrene, banale und ausschweifende? Durch Versprechen organisiert die Menschheit ihre Unzuverlässigkeit. Wie paßt heute unsere vorsichtig gewordene Sprache in das planetarische Sichzusammenreden der Völker? Was heißt es, heute den Gebrauch des Futurs als legitimer Funktion des Deutschen auf neue und klügere Weise einzuüben? Wie können wir lernen, bessere Versprechen zu machen – Versprechen, die ohne Selbstzerstörung der Sprecher zu halten wären? Können wir bald noch mehr so neue, so kluge, so selbstverständlich klingende Dinge sagen wie die zwei kleinen Sätze, die Willy Brandt am Abend des 9. November vor dem Schöneberger Rathaus sprach: »Die Mauer wird fallen, und Berlin wird leben.« Das gehört zu den ersten Beispielen für ein phrasenloses Futur nach dem Zweiten Weltkrieg, und schon heute sind sie, als glückliche Neuerwerbung, aus der Nationalbibliothek im Ohr nicht mehr wegzudenken. Wenn Handke bei seinen Weissagungsübungen schrieb: Jeder Tag wird ein Tag sein wie jeder andere, so ist jetzt zu ergänzen: dieser Tag wird kein Tag wie jeder andere gewesen sein. Von diesem Tag an haben die Bürger der BRD Aussicht darauf, eines Tages neben einem etwas sympathischeren, etwas normaleren, etwas kooperativeren deutschsprachigen Nachbarstaat zu leben – warum nicht neben einem preußischen Österreich? Das wäre mehr, als zu hoffen war; noch mehr zu fordern, könnte sich wieder als Teil eines bösartigen Versprechens erweisen, das die Zerstörung Europas in Kauf nimmt, um eine großdeutsche Phantasie weiterzuspinnen.

Ich komme zum Schluß. Es bleibt keine Zeit, in die nationalen Totenchöre genauer hineinzuhorchen; ich habe hier nicht genug Platz, die Hauptstimmen des deutschen Stimmengewirrs zu klären. Ich werde von einer anderen Gelegenheit profitieren müssen, um den Gedanken auszuführen, daß Nationen ebenso ursprungsmythologische wie politisch-rechtliche Gebilde sind. Sie entstehen territorial aus der Bindung an die Begräbnisplätze der Vorfahren; sie entstehen psychoakustisch durch Bindungen des inneren Ohrs an muttersprachliche Hypnosen; sie entstehen psychohistorisch durch verzaubernde Missionen und Problemdelegationen an die »Söhne und Töchter des Landes«. Ich habe hier weder für diese Dinge genug Zeit noch dafür, den Eindruck zu korrigieren, ich sei für die weiblichen Reden taub und hörte die Stimmen der Vergangenheit nur wie einen deutschen Männergesangverein. Es bleibt nicht einmal Raum, nachzudenken über Rose Ausländers Rätselzeile: »Ein Lied erfinden heißt geboren werden und tapfer singen von Geburt zu Geburt.« Aber ich will nicht aufhören mit dieser kurzen Einmischung in das nationale Stimmengewirr, ohne auf eine Stelle aus einer Rede Bezug zu nehmen, die vor wenigen Jahren am selben Pult gehalten wurde – für meine Ohren die am meisten zu denken gebende Stelle aus der am meisten zu denken gebenden Rede. Alexander Kluge stand vor sechs Jahren hier auf dem Podium und zog sein Publikum in eine schwindelerregende Denkbewegung. Er fragte, wie kann ich überhaupt etwas *über* Deutschland sagen, wo ich doch *auf* Deutschland, auf deutschem Boden stehe? Wie kann man über etwas sprechen, was einen trägt, was einen umgibt, was einen ermöglicht und überragt? Kluge sagte damals:

> Das ist schon in der Scholastik diskutiert worden zu dem Begriff *sopra*. Christophorus trägt das Jesuskind. Das Jesuskind trägt auf seinen Schultern die Welt. Wo setzt Christophorus seine Füße hin, wenn diese doch nur festen Boden gewinnen, falls Christophorus die Welt auf Jesus' Schultern besteigt, und dort erst setzt er einen festen Fuß auf den Boden?
> Nehmen Sie das ruhig ernst, denn es bedeutet den Satz: *cogito quia natus sum*. Ich sage das nicht als Glaubensbekenntnis, sondern nur, um eine Variante zu liefern zu *cogito ergo sum*, das ich lieber ändern würde in: Ich vermag zu denken, weil ich davon absehen kann, daß ich Ich bin. Eine Aushilfe dazu ist der Satz: *cogito quia natus sum* (Ich denke so und nicht anders, weil ich an einem bestimmten Ort geboren bin)... *natus sum* = Nation, – Sie können mir glauben, irgendetwas hat es miteinander zu tun... (*Nachdenken über Deutschland*, ²1988, 73/74)

Nun, ich habe an diesem Morgen von nichts anderem gesprochen als von diesem irgend etwas, das zwischen dem *natus* und der Nation besteht, von dieser Verbindung zwischen Nationalität und Natalität, von diesem Rätsel, das uns dadurch aufgegeben wird, daß wir nicht anders können, als in eine »Nation« zu kommen, wenn wir anfangen, zur Welt zu kommen. »Nation«, in diesem etymologischen und philosophischen Sinn, ist eine Konstante im Prozeß des Zurweltkommens, die weiterhin Beachtung fordert, auch wenn der Nationalstaat eine moderne und längst revisionsbedürftige Erfindung darstellt. Nationen sind, so verstanden, politische Mutterinstanzen, sie sind und haben politische Schoßfunktionen, sie sind Gestalten des Zusammengeborenseins. Warum denn waren die Szenen vom 9. November so rührend? Das Berliner Etwas hat an den Durchbruch zur Welt gerührt, aus dem jedes menschliche Leben hervorgeht, auch und gerade, wenn es sich aus eigener Kraft an seinen Hervorgang nicht erinnern kann. Aber wenn »es« passiert – wenn das Heraustreten ins Freie sich fortsetzt, indem es sich wiederholt –, dann zeigen die Effekte in Richtung Ursprung. Die nationalen Fragen haben daher, wenn sie akut werden, etwas Rührendes oder Erstarrenmachendes, etwas, was uns zum Schmelzen bringt oder den Urwiderstand hervorruft; zu ihnen gehören die Tränen und die Unterscheidung der Tränen; zu ihnen gehören das Ausweichen in Gleichgültigkeit und die Wiederkehr dessen, was nicht gleichgültig werden kann. Es sind keine anderen Fragen als die, durch die wir uns zurückfragen, zurückdenken ins Umfassende, Tragende, Ermöglichende und Überwältigende. Nation ist ein genealogischer Begriff; unter Genealogie ist die Denkform zu verstehen, die die Seinsmächtigkeit von Dingen und Ordnungen aus Ursprungsbeziehungen klärt. Daher denkt, wer an seine Nationalität denkt, im Kraftfeld, um nicht zu sagen im Bann der Ursprünge. Nationalismus war deswegen immer eine zweideutige und in beiden Aspekten gefährliche Größe, einerseits Ausgriff der Territorialmächte in weltweite Machtzusammenhänge, andererseits Sehnsucht der Subjekte nach dem Zurückverschlungenwerden durch das, woraus sie hervorgekommen sind. Gerade hier kommt die deutsche Lektion dieses Jahrhunderts ins Spiel. Angesichts gemachter Erfahrungen gibt es für uns nichts Bösartigeres als diese Schoßnationen, als diese saugenden Vaterländer, als diese großen gekränkten Muttergöttinnen mit ihren allegorischen Busen und Fahnen und Tränen und mit ihren Heldensöhnen, die sie erst ausschicken, Großes zu tun, um sie dann zurückzuschlürfen ins feuchte vielversprechende Grab, das natürlich auch schon Plazenta ist für heroische Wiedergeburten im Vaterland, wir kennen die Geschichte. Wir haben von dieser opferreichen, halbreligiösen Nationalpornographie genug; die Schöße sollten sich in Zukunft damit begnügen, hinter uns zu liegen und für mehr als Kurzbesuche nicht in Betracht gezogen zu werden. Gewiß fängt der Weg der Nachkriegskinder ins Leben an wie der aller anderen auch: mit der eigenen politischen Familie, der Nation; das ist wohl mit Martin Walsers »mächtiger« Nationalgrundschicht gemeint, über die es soviel Streit gab, berechtigten, aber auch unberechtigten. Das Hineingeborensein in etwas Tragendes, das von uns weitergetragen werden will, bleibt das kleinste gemeinsame Problem aller Stammes-, Volks- und Nationalmenschen; aber der Drang zum Ausgang steigt, das haben die Flüchtlinge und der freie Geist gemeinsam; der Weg ins Freie führt mit Notwendigkeit über die Nation hinaus. So mündet das Nationalproblem, bei Weltlicht gesehen, in die Frage, wie pervers oder wie gesund – das meine ich normativ – die politische Mutterliebe ist, die auf die Nachgeborenen übergeht oder von diesen ihrem ersten Milieu, ihrer Heimat entgegengebracht wird. Wenn unser politischer Uterus künftig *a good enough nation* sein will, eine zum Leben in Freiheit ausreichend gute Nation, dann muß diese ihre Kinder loslassen für die Welt. Mutter Deutschland weinet sehr/hat ja nun kein Hänschen mehr./Da besinnt sich das Kind/kehrt nach Haus – doch nein, es weiß, es könnte überallhin laufen, nur nicht nach Haus, nur nicht mehr ins kühle deutsche Grab in der Mutter daheim.

Wann also werden die Deutschen aufhören, mit dem schwülen Wort Wiedervereinigung Mißbrauch zu treiben? Es ist ein Grundwort der deutschen Neurose – eine verbale Saugglocke, die gerade die Zukurzgekommenen, die Identitätskrüppel ins Selbstopfer anzieht zugunsten eines berauschend übermächtigen Ganzen. Merke also: wiedersehen ist besser als wiedervereinigen; Freundschaft zwischen zweien besser als Verschmelzung mit Einer.

Dennoch ist wahr, wir haben Anlaß zu fragen, wann waren die Deutschen zuletzt so wenig häßlich wie heute? Wann haben sie zuletzt so wie in jüngster Zeit durch gute Nachrichten die Weltneugier erregt? Seit wann waren deutsche Wortmeldungen, besonders in ökologischen Dingen, so nützlich wie heute für das Entstehen planetarischer Selbstwahrnehmungen? Und schließlich, wie lange ist es her, daß Menschen in Mitteleuropa das Gefühl haben konnten, Intelligenz sei auf lange Sicht das einzige, was vielleicht doch nicht unterdrückt werden kann?

Neue Historische Bibliothek
in der edition suhrkamp

»Hans-Ulrich Wehlers fast aus dem Nichts entstandene ›Neue Historische Bibliothek‹ ist (...) nicht nur ein forschungsinternes, sondern auch ein kulturelles Ereignis.«   Frankfurter Allgemeine Zeitung

Abelshauser, Werner: Wirtschaftsgeschichte der Bundesrepublik Deutschland 1945-1980. NHB. es 1241

Alter, Peter: Nationalismus. NHB. es 1250

Berding, Helmut: Moderner Antisemitismus in Deutschland. NHB. es 1257

Berghahn, Volker: Unternehmer und Politik in der Bundesrepublik. NHB. es 1265

Bernecker, Walther L.: Sozialgeschichte Spaniens im 19. und 20. Jahrhundert. NHB. es 1540

Blasius, Dirk: Geschichte der politischen Kriminalität in Deutschland 1800-1980. Eine Studie zu Justiz und Staatsverbrechen. NHB. es 1242

Botzenhart, Manfred: Reform, Restauration, Krise. Deutschland 1789-1847. NHB. es 1252

Carsten, Francis L.: Geschichte der preußischen Junker. NHB. es 1273

Dippel, Horst: Die Amerikanische Revolution 1763-1787. NHB. es 1263

Frevert, Ute: Frauen-Geschichte. Zwischen bürgerlicher Verbesserung und Neuer Weiblichkeit. NHB. es 1284

Geiss, Imanuel: Geschichte des Rassismus. NHB. es 1530

Geyer, Michael: Deutsche Rüstungspolitik 1860-1980. NHB. es 1246

Grimm, Dieter: Deutsche Verfassungsgeschichte 1776-1866. NHB. es 1271

Haupt, Heinz-Gerhard: Sozialgeschichte Frankreichs seit 1789. NHB. es 1535

Hentschel, Volker: Geschichte der deutschen Sozialpolitik 1880-1980. Soziale Sicherung und kollektives Arbeitsrecht. NHB. es 1247

Kaelble, Hartmut: Europäische Sozialgeschichte 1880-1970. NHB. es 1285

Hildermeier, Manfred: Die Russische Revolution. 1905-1921. NHB. es 1534

Holl, Karl: Pazifismus in Deutschland. NHB. es 1533

Jaeger, Hans: Geschichte der Wirtschaftsordnung in Deutschland. NHB. es 1529

Jarausch, Konrad H.: Deutsche Studenten 1800-1970. NHB. es 1258

Jasper, Gotthard: Die gescheiterte Zähmung. Wege zur Machtergreifung Hitlers 1930-1934. NHB. es 1270

Kiesewetter, Hubert: Industrielle Revolution in Deutschland (1815-1914). NHB. es 1539

Neue Historische Bibliothek
in der edition suhrkamp

Kluge, Ulrich: Die deutsche Revolution 1918/1919. Staat, Politik und Gesellschaft zwischen Weltkrieg und Kapp-Putsch. NHB. es 1262

Kluxen, Kurt: Geschichte und Problematik des Parlamentarismus. NHB. es 1243

Kraul, Margret: Das deutsche Gymnasium 1780-1980. NHB. es 1251

Langewiesche, Dieter: Deutscher Liberalismus. NHB. es 1286

Lehnert, Detlef: Sozialdemokratie zwischen Protestbewegung und Regierungspartei 1848-1983. NHB. es 1248

Lenger, Friedrich: Sozialgeschichte der deutschen Handwerker seit 1800. NHB. es 1532

Lönne, Karl-Egon: Politischer Katholizismus im 19. und 20. Jahrhundert. NHB. es 1264

Lottes, Günther: Sozialgeschichte Englands seit 1688. NHB. es 1255

Marschalck, Peter: Bevölkerungsgeschichte Deutschlands im 19. und 20. Jahrhundert. NHB. es 1244

Mitterauer, Michael: Sozialgeschichte der Jugend. NHB. es 1278

Möller, Horst: Vernunft und Kritik. Deutsche Aufklärung im 17. und 18. Jahrhundert. NHB. es 1269

Mooser, Josef: Arbeiterleben in Deutschland 1900-1970. Klassenlagen, Kultur und Politik. NHB. es 1259

Pankoke, Eckart: Arbeitslosigkeit und Wohlfahrtspolitik. NHB. es 1538

Peukert, Detlev J.K.: Die Weimarer Republik. NHB. es 1282

Radkau, Joachim: Technik in Deutschland. NHB. es 1536

Reulecke, Jürgen: Geschichte der Urbanisierung in Deutschland. NHB. es 1249

Schönhoven, Klaus: Die deutschen Gewerkschaften. NHB. es 1287

Schröder, Hans-Christoph: Die Revolutionen Englands im 17. Jahrhundert. NHB. es 1279

Schulze, Winfried: Deutsche Geschichte im 16. Jahrhundert. NHB. es 1268

Sieder, Reinhard: Sozialgeschichte der Familie. NHB. es 1276

Siemann, Wolfram: Die deutsche Revolution von 1848/49. NHB. es 1266

Siemann, Wolfram: Gesellschaft im Aufbruch. Deutschland 1849-1871. NHB. es 1537

Staritz, Dietrich: Geschichte der DDR 1949-1985. NHB. es 1260

Thränhardt, Dietrich: Geschichte der Bundesrepublik Deutschland. NHB. es 1267

Ullmann, Hans-Peter: Interessenverbände in Deutschland. NHB. es 1283

Neue Historische Bibliothek
in der edition suhrkamp

Wehler, Hans-Ulrich: Grundzüge der amerikanischen Außenpolitik 1750-1900. Von den englischen Küstenkolonien zur amerikanischen Weltmacht. NHB. es 1254

Wippermann, Wolfgang: Europäischer Faschismus im Vergleich 1922-1982. NHB. es 1245

Wirz, Albert: Sklaverei und kapitalistisches Weltsystem. NHB. es 1256

Wunder, Bernd: Geschichte der Bürokratie in Deutschland. NHB. es 1281

Ziebura, Gilbert: Weltwirtschaft und Weltpolitik 1922/24-1931. Zwischen Rekonstruktion und Zusammenbruch. NHB. es 1261

edition suhrkamp
Eine Auswahl

Abelshauser: Wirtschaftsgeschichte der Bundesrepublik Deutschland 1945-1980. NHB. es 1241

Abendroth: Ein Leben in der Arbeiterbewegung. es 820

Achebe: Okonkwo oder Das Alte stürzt. es 1138

Adam/Moodley: Südafrika ohne Apartheid? es 1369

Adorno: Eingriffe. es 10
- Gesellschaftstheorie und Kulturkritik. es 772
- Jargon der Eigentlichkeit. es 91
- Kritik. es 469
- Ohne Leitbild, Parva Aesthetica. es 201
- Stichworte. es 347

Das Afrika der Afrikaner. Gesellschaft und Kultur Afrikas. es 1039

Andréa: M. D. es 1364

Arbeitslosigkeit in der Arbeitsgesellschaft. Hg. von W. Bonß und R. G. Heinze. es 1212

Aus der Zeit der Verzweiflung. Zur Genese und Aktualität des Hexenbildes. es 840

Bachtin: Die Ästhetik des Wortes. es 967

Barthes: Kritik und Wahrheit. es 218
- Leçon/Lektion. es 1030
- Literatur oder Geschichte. es 303
- Michelet. es 1206
- Mythen des Alltags. es 92
- Das Reich der Zeichen. es 1077
- Semiologisches Abenteuer. es 1441
- Die Sprache der Mode. es 1318

Beck: Gegengifte. Die organisierte Unverantwortlichkeit. es 1468
- Risikogesellschaft. es 1365

Beckett: Endspiel. Fin de Partie. es 96
- Flötentöne. es 1098
- Mal vu mal dit. Schlecht gesehen, schlecht gesagt. es 1119
- Worstward Ho. es 1474

Benjamin: Aufklärung für Kinder. Rundfunkvorträge. es 1317
- Briefe. 2 Bände. es 930
- Das Kunstwerk im Zeitalter seiner technischen Reproduzierbarkeit. es 28
- Moskauer Tagebuch. es 1020
- Das Passagen-Werk. 2 Bde. es 1200
- Über Kinder, Jugend und Erziehung. es 391
- Versuche über Brecht. es 172
- Zur Kritik der Gewalt und andere Aufsätze. es 103

Bernhard: Der deutsche Mittagstisch. es 1480
- Ein Fest für Boris. es 440
- Prosa. es 213
- Ungenach. Erzählung. es 279

Bertaux: Hölderlin und die Französische Revolution. es 344

Biesheuvel: Schrei aus dem Souterrain. es 1179

Bildlichkeit. Hg. von V. Bohn. es 1475

Bloch: Abschied von der Utopie? Vorträge. es 1046
- Kampf, nicht Krieg. Politische Schriften 1917-1919. es 1167

edition suhrkamp
Eine Auswahl

Böhme: Prolegomena zu einer Sozial- und Wirtschaftsgeschichte Deutschlands im 19. und 20. Jahrhundert. es 253

Bohrer: Plötzlichkeit. Zum Augenblick des ästhetischen Scheins. es 1058

Bond: Gesammelte Stücke. 2 Bde. es 1340

Botzenhart: Reform, Restauration, Krise. Deutschland 1789-1847. NHB. es 1252

Bovenschen: Die imaginierte Weiblichkeit. es 921

Brandão: Kein Land wie dieses. es 1236

Brasch: Engel aus Eisen. Beschreibung eines Films. es 1049
– Frauen – Krieg – Lustspiel. Ein Stück. es 1469

Braun: Verheerende Folgen mangelnden Anscheins innerbetrieblicher Demokratie. es 1473

Brecht: Der aufhaltsame Aufstieg des Arturo Ui. es 144
– Aufstieg und Fall der Stadt Mahagonny. Oper. es 21
– Ausgewählte Gedichte. es 86
– Baal. Drei Fassungen. es 170
– Baal. Der böse Baal der asoziale. es 248
– Der Brotladen. Ein Stückfragment. es 339
– Buckower Elegien. es 1397
– Drei Lehrstücke. es 817
– Die Dreigroschenoper. es 229
– Einakter und Fragmente. es 449
– Furcht und Elend des Dritten Reiches. es 392
– Gedichte und Lieder aus Stücken. es 9
– Gesammelte Gedichte. Bd. 1-4. es 835-838
– Die Geschäfte des Herrn Julius Caesar. es 332
– Die Gesichte der Simone Machard. es 369
– Die Gewehre der Frau Carrar. es 219
– Der gute Mensch von Sezuan. es 73
– Die heilige Johanna der Schlachthöfe. es 113
– Herr Puntila und sein Knecht Matti. es 105
– Im Dickicht der Städte. es 246
– Der Jasager und Der Neinsager. es 171
– Der kauk. Kreidekreis. es 31
– Leben des Galilei. Schauspiel. es 1
– Leben Eduards des Zweiten von England. es 245
– Mann ist Mann. es 259
– Die Maßnahme. es 415
– Die Mutter. es 200
– Mutter Courage und ihre Kinder. es 49
– Der Ozeanflug. es 222
– Prosa. Bd. 1-4. es 182-185
– Schweyk im zweiten Weltkrieg. es 132
– Stücke. Bearbeitungen. Bd. 1/2. es 788/789
– Die Tage der Commune. es 169
– Tagebücher 1920-1922. Autobiographische Aufzeichnungen 1920-1954. es 979

edition suhrkamp
Eine Auswahl

Brecht: Trommeln in der Nacht. es 490
- Der Tui-Roman. es 603
- Über den Beruf des Schauspielers. es 384
- Über die bildenden Künste. es 691
- Über experimentelles Theater. es 377
- Über Lyrik. es 70
- Über Politik auf dem Theater. es 465
- Über Politik und Kunst. es 442
- Über Realismus. es 485
- Das Verhör des Lukullus. es 740

Brecht-Journal. Hg. von J. Knopf. es 1191
Brecht-Journal 2. Hg. von J. Knopf. es 1396
Brunkhorst: Der Intellektuelle im Land der Mandarine. es 1403
Buch: Der Herbst des großen Kommunikators. es 1344
- Waldspaziergang. es 1412
Bürger, P.: Theorie der Avantgarde. es 727
Buro/Grobe: Vietnam! Vietnam? es 1197
Celan: Ausgewählte Gedichte. Zwei Reden. es 262
Cortázar: Letzte Runde. es 1140
- Das Observatorium. es 1527
- Reise um den Tag in 80 Welten. es 1045
Deleuze/Guattari: Kafka. es 807
Deleuze/Parnet: Dialoge. es 666
Denken, das an der Zeit ist. Hg. von F. Rötzer. es 1406
Derrida: Die Stimme und das Phänomen. es 945

Determinanten der westdeutschen Restauration 1945-1949. es 575
Ditlevsen: Gesichter. es 1165
- Sucht. Erinnerungen. es 1009
- Wilhelms Zimmer. es 1076
Doi: Amae. Freiheit in Geborgenheit. es 1128
Dorst: Toller. es 294
Dröge/Krämer-Badoni: Die Kneipe. es 1380
Dubiel: Was ist Neokonservatismus? es 1313
Duerr: Satyricon. es 1346
- Traumzeit. es 1345
Duras: Eden Cinéma. es 1443
- La Musica Zwei. es 1408
- Sommer 1980. es 1205
- Das tägliche Leben. es 1508
- Vera Baxter oder Die Atlantikstrände. es 1389
Duras/Porte: Die Orte der Marguerite Duras. es 1080
Eco: Zeichen. es 895
Eich: Botschaften des Regens. es 48
Elias: Humana conditio. es 1384
Enzensberger: Blindenschrift. es 217
- Einzelheiten I. Bewußtseins-Industrie. es 63
- Einzelheiten II. Poesie und Politik. es 87
- Die Furie des Verschwindens. Gedichte. es 1066
- Landessprache. Gedichte. es 304
- Palaver. Politische Überlegungen. es 696
- Das Verhör von Habana. es 553

edition suhrkamp
Eine Auswahl

Enzensberger: Der Weg ins Freie. Fünf Lebensläufe. es 759
Esser: Gewerkschaften in der Krise. es 1131
Faszination der Gewalt. Friedensanalysen Bd. 17. es 1141
Feminismus. Hg. von Luise F. Pusch. es 1192
Feyerabend: Erkenntnis für freie Menschen. es 1011
– Wissenschaft als Kunst. es 1231
Fortschritte der Naturzerstörung. Hg. von R. P. Sieferle. es 1489
Foucault: Psychologie und Geisteskrankheit. es 272
Frank: Gott im Exil. es 1506
– Die Grenzen der Verständigung. es 1481
– Der kommende Gott. es 1142
– Motive der Moderne. es 1456
– Die Unhintergehbarkeit von Individualität. es 1377
– Was ist Neostrukturalismus? es 1203
Frauen in der Kunst. 2 Bde. es 952
Frevert: Frauen-Geschichte. NHB. es 1284
Frisch: Biedermann und die Brandstifter. es 41
– Die Chinesische Mauer. es 65
– Don Juan oder Die Liebe zur Geometrie. es 4
– Frühe Stücke. es 154
– Graf Öderland. es 32
Gerhard: Verhältnisse und Verhinderungen. es 933
Geyer: Deutsche Rüstungspolitik 1860-1980. NHB. es 1246

Goetz: Krieg/Hirn. 2 Bde. es 1320
Goffman: Asyle. es 678
Geschlecht und Werbung. es 1085
Gorz: Der Verräter. es 988
Gstrein: Einer. es 1483
Habermas: Eine Art Schadensabwicklung. es 1453
– Legitimationsprobleme im Spätkapitalismus. es 623
– Die Neue Unübersichtlichkeit. es 1321
– Technik und Wissenschaft als Ideologie. es 287
– Theorie des kommunikativen Handelns. 2 Bde. es 1502
Hänny: Zürich, Anfang September. es 1079
Handke: Die Innenwelt der Außenwelt der Innenwelt. es 307
– Kaspar. es 322
– Phantasien der Wiederholung. es 1168
– Publikumsbeschimpfung und andere Sprechstücke. es 177
– Der Ritt über den Bodensee. es 509
– Wind und Meer. es 431
Henrich: Konzepte. es 1400
Hentschel: Geschichte der deutschen Sozialpolitik 1880-1980. NHB. es 1247
Hesse: Tractat vom Steppenwolf. es 84
Die Hexen der Neuzeit. Hg. von C. Honegger. es 743
Hilfe + Handel = Frieden? Friedensanalysen Bd. 15. es 1097
Hobsbawm: Industrie und Empire 1/2. es 315/316

edition suhrkamp
Eine Auswahl

Imperialismus und strukturelle Gewalt. Hg. von D. Senghaas. es 563
Irigaray: Speculum. es 946
Jahoda/Lazarsfeld/Zeisel: Die Arbeitslosen von Marienthal. es 769
Jakobson: Kindersprache, Aphasie und allgemeine Lautgesetze. es 330
Jasper: Die gescheiterte Zähmung. Wege zur Machtergreifung Hitlers 1930-1934. NHB. es 1270
Jauß: Literaturgeschichte als Provokation. es 418
Johnson: Begleitumstände. Frankfurter Vorlesungen. es 1019
– Der 5. Kanal. es 1336
– Jahrestage. Aus dem Leben von Gesine Cresspahl. 4 Bde. es 1500
– Karsch, und andere Prosa. es 59
– Porträts und Erinnerungen. es 1499
– Versuch einen Vater zu finden. Tonkassette mit Textheft. es 1416
Jones: Frauen, die töten. es 1350
Joyce: Werkausgabe in sechs Bänden. es 1434-1439
– Bd. 1: Dubliner. es 1434
– Bd. 2: Stephen der Held. es 1435
– Bd. 3: Ulysses. es 1100
– Bd. 4: Kleine Schriften. es 1437
– Bd. 5: Gesammelte Gedichte. es 1438
– Bd. 6: Finnegans Wake (englisch). es 1439
– Finnegans Wake. Übertragungen. es 1524
– Penelope. es 1106
Hans Wollschläger liest ›Ulysses‹. Tonbandkassette. es 1105
Kenner: Ulysses. es 1104
Kindheit in Europa. Hg. von H. Hengst. es 1209
Kipphardt: In der Sache J. Robert Oppenheimer. es 64
Kirchhoff: Body-Building. es 1005
Kluge, A.: Gelegenheitsarbeit einer Sklavin. es 733
– Lernprozesse mit tödlichem Ausgang. es 665
– Neue Geschichten. Hefte 1-18. es 819
– Schlachtbeschreibung. es 1193
Kluge, U.: Die deutsche Revolution 1918/1919. NHB. es 1262
Koeppen: Morgenrot. Anfänge eines Romans. es 1454
Kolbe: Abschiede und andere Liebesgedichte. es 1178
– Bornholm II. Gedichte. es 1402
– Hineingeboren. Gedichte 1975-1979. es 1110
Konrád: Antipolitik. es 1293
– Stimmungsbericht. es 1394
Kriegsursachen. Friedensanalysen Bd. 21. es 1238
Krippendorff: Staat und Krieg. es 1305
– »Wie die Großen mit den Menschen spielen.« es 1486
Kristeva: Liebesgeschichten. es 1482
– Die Revolution der poetischen Sprache. es 949

edition suhrkamp
Eine Auswahl

Kritisches Wörterbuch der Französischen Revolution. 5 Bde. es 1522

Kroetz: Bauern sterben. es 1388
- Frühe Prosa/Frühe Stücke. es 1172
- Furcht und Hoffnung der BRD. es 1291
- Heimarbeit. es 473
- Mensch Meier. es 753
- Nicht Fisch nicht Fleisch. es 1094
- Oberösterreich. es 707
- Stallerhof. es 586

Krolow: Ausgewählte Gedichte. es 24

Laederach: Fahles Ende kleiner Begierden. es 1075
- Vor Schrecken starr. es 1503
- Der zweite Sinn oder Unsentimentale Reise durch ein Feld Literatur. es 1455

Lefèbvre: Einführung in die Modernität. es 831

Lehnert: Sozialdemokratie zwischen Protestbewegung und Regierungspartei 1848-1983. NHB. es 1248

Lem: Dialoge. es 1013

Lenz: Leben und Schreiben. Frankfurter Vorlesungen. es 1425

Leroi-Gourhan: Die Religionen der Vorgeschichte. es 1073

Leutenegger: Lebewohl, Gute Reise. es 1001
- Das verlorene Monument. es 1315

Lévi-Strauss: Das Ende des Totemismus. es 128
- Mythos und Bedeutung. es 1027

Die Listen der Mode. Hg. von S. Bovenschen. es 1338

Literatur und Politik in der Volksrepublik China. es 1151

Löwenthal: Mitmachen wollte ich nie. es 1014

Logik des Herzens. Hg. von G. Kahle. es 1042

Lohn: Liebe. Zum Wert der Frauenarbeit. Hg. von A. Schwarzer. es 1225

Lukács: Gelebtes Denken. es 1088

Maeffert: Bruchstellen. Eine Prozeßgeschichte. es 1387

Mandel: Marxistische Wirtschaftstheorie. 1/2. es 595/596

Marcus: Umkehrung der Moral. es 903

Marcuse: Ideen zu einer kritischen Theorie der Gesellschaft. es 300
- Konterrevolution und Revolte. es 591
- Kultur und Gesellschaft 1. es 101
- Kultur und Gesellschaft 2. es 135
- Versuch über die Befreiung. es 329

Maruyama: Denken in Japan. es 1398

Mattenklott: Blindgänger. es 1343

Mayer: Anmerkungen zu Brecht. es 143
- Gelebte Literatur. Frankfurter Vorlesungen. es 1427
- Versuche über die Oper. es 1050

edition suhrkamp
Eine Auswahl

Mayröcker: Magische Blätter. es 1202
– Magische Blätter II. es 1421
McKeown: Die Bedeutung der Medizin. es 1109
Medienmacht im Nord-Süd-Konflikt. Friedensanalysen Bd. 18. es 1166
Meier, Chr.: Die Ohnmacht des allmächtigen Dictators Caesar. es 1038
Menninghaus: Paul Celan. Magie der Form. es 1026
– Schwellenkunde. Walter Benjamins Passage des Mythos. es 1349
Menzel/Senghaas: Europas Entwicklung und die Dritte Welt. es 1393
Milosz: Gedichte. es 1515
– Zeichen im Dunkel. es 995
Mitscherlich: Freiheit und Unfreiheit in der Krankheit. es 505
– Krankheit als Konflikt. es 237
– Die Unwirtlichkeit unserer Städte. es 123
– Sozialgeschichte der Jugend. NHB. es 1278
Moderne chinesische Erzählungen. 2 Bde. es 1010
Möller: Vernunft und Kritik. NHB. es 1269
Moser: Eine fast normale Familie. es 1223
– Der Psychoanalytiker als sprechende Attrappe. es 1404
– Romane als Krankengeschichten. es 1304
Muschg: Literatur als Therapie? es 1065

Die Museen des Wahnsinns und die Zukunft der Psychiatrie. es 1032
Mythos ohne Illusion. Mit Beiträgen von J.-P. Vernant u.a. es 1220
Mythos und Moderne. Hg. von K. H. Bohrer. es 1144
Nakane: Die Struktur der japanischen Gesellschaft. es 1204
Nathan: Ideologie, Sexualität und Neurose. es 975
Der Neger vom Dienst. Hg. von R. Jestel. es 1028
Die neue Friedensbewegung. Friedensanalysen Bd. 16. es 1143
Ngũgĩ wa Thiong'o: Der gekreuzigte Teufel. es 1199
– Verborgene Schicksale. es 1111
Nizon: Am Schreiben gehen. Frankfurter Vorlesungen. es 1328
Oehler, Dolf: Pariser Bilder I. es 725
– Ein Höllensturz der Alten Welt. Pariser Bilder II. es 1422
Oppenheim: Husch, husch, der schönste Vokal entleert sich. es 1232
Paetzke: Andersdenkende in Ungarn. es 1379
Paley: Ungeheure Veränderungen in letzter Minute. es 1208
Paz: Der menschenfreundliche Menschenfresser. es 1064
– Suche nach einer Mitte. es 1008
– Zwiesprache. es 1290
Peripherer Kapitalismus. Hg. von D. Senghaas. es 652

edition suhrkamp
Eine Auswahl

Petri: Schöner und unerbittlicher Mummenschanz. Gedichte. es 1528
- Zur Hoffnung verkommen. Gedichte. es 1360

Politik der Armut. Hg. von S. Leibfried und F. Tennstedt. es 1233

Populismus und Aufklärung. Hg. von H. Dubiel. es 1376

Powell: Edisto. es 1332
- Eine Frau mit Namen Drown. es 1516

Psychoanalyse der weiblichen Sexualität. Hg. von J. Chasseguet-Smirgel. es 697

Pusch: Das Deutsche als Männersprache. es 1217

Raimbault: Kinder sprechen vom Tod. es 993

Ribeiro, D.: Unterentwicklung Kultur und Zivilisation. es 1018
- Wildes Utopia. es 1354

Ribeiro, J. U.: Sargento Getúlio. es 1183

Rodinson: Die Araber. es 1051

Roth: Die einzige Geschichte. Theaterstück. es 1368
- Das Ganze ein Stück. Theaterstück. es 1399
- Krötenbrunnen. Ein Stück. es 1319

Rubinstein: Immer verliebt. es 1337
- Nichts zu verlieren und dennoch Angst. es 1022
- Sterben kann man immer noch. es 1433

Rühmkorf: agar agar – zaurzaurim. es 1307

Russell: Probleme der Philosophie. es 207
- Wege zur Freiheit. es 447

Schindel: Geier sind pünktliche Tiere. es 1429
- Im Herzen die Krätze. es 1511
- Ohneland. es 1372

Schlaffer: Der Bürger als Held. es 624
- Die Bande. Erzählungen. es 1127

Schönhoven: Die deutschen Gewerkschaften. NHB. es 1287

Schrift und Materie der Geschichte. Hg. von C. Honegger. es 814

Schröder: Die Revolutionen Englands im 17. Jahrhundert. NHB. es 1279

Schubert: Die internationale Verschuldung. es 1347

Das Schwinden der Sinne. Hg. von D. Kamper und C. Wulf. es 1188

Sechehaye: Tagebuch einer Schizophrenen. es 613

Senghaas: Konfliktformationen im internationalen System. es 1509
- Von Europa lernen. es 1134
- Weltwirtschaftsordnung und Entwicklungspolitik. es 856
- Die Zukunft Europas. es 1339

Simmel: Schriften zur Philosophie und Soziologie der Geschlechter. es 1333

Sloterdijk: Der Denker auf der Bühne. es 1353
- Eurotaoismus. es 1450

edition suhrkamp
Eine Auswahl

Sloterdijk: Kopernikanische Mobilmachung und ptolemäische Abrüstung. es 1375
- Kritik der zynischen Vernunft. 2 Bde. es 1099
- Zur Welt kommen – Zur Sprache kommen. es 1505

Söllner: Kopfland. Passagen. Gedichte. es 1504

Sport – Eros – Tod. Hg. von G. Hortleder und G. Gebauer. es 1335

Staritz: Geschichte der DDR 1949-1985. NHB. es 1260

Stichworte zur ›Geistigen Situation der Zeit‹. 2 Bde. Hg. von J. Habermas. es 1000

Struck: Kindheits Ende. es 1123
- Klassenliebe. es 629

Szondi: Theorie des modernen Dramas. es 27

Techel: Es kündigt sich an. Gedichte. es 1370

Tendrjakow: Sechzig Kerzen. es 1124

Theorie des Kinos. Hg. von K. Witte. es 557

Thiemann: Kinder in den Städten. es 1461
- Schulszenen. es 1331

Thompson: Die Entstehung der englischen Arbeiterklasse. 2 Bde. es 1170

Thränhardt: Geschichte der Bundesrepublik Deutschland. NHB. es 1267

Tiedemann: Studien zur Philosophie Walter Benjamins. es 644

Todorov: Die Eroberung Amerikas. es 1213

Treichel: Liebe Not. Gedichte. es 1373

Typologie. Hg. von V. Bohn. es 1451

Vargas: Gegen Wind und Wellen. es 1513

Vernant: Die Entstehung des griechischen Denkens. es 1150
- Mythos und Gesellschaft im alten Griechenland. es 1381

Versuchungen 1/2. Aufsätze zur Philosophie Paul Feyerabends. Hg. von H. P. Duerr. es 1044/1068

Verteidigung der Schrift. Kafkas »Prozeß«. Hg. von F. Schirrmacher. es 1386

Vom Krieg der Erwachsenen gegen die Kinder. Friedensanalysen Bd. 19. es 1190

Walser, Martin: Eiche und Angora. es 16
- Ein fliehendes Pferd. Theaterstück. Mitarbeit U. Khuon. es 1383
- Geständnis auf Raten. es 1374
- Heimatkunde. es 269
- Lügengeschichten. es 81
- Selbstbewußtsein und Ironie. Frankfurter Vorlesungen. es 1090
- Über Deutschland reden. es 1553
- Wer ist ein Schriftsteller? es 959
- Wie und wovon handelt Literatur. es 642

Weiss, P.: Abschied von den Eltern. es 85
- Die Ästhetik des Widerstands. es 1501
- Avantgarde-Film. es 1444

edition suhrkamp
Eine Auswahl

Weiss, P.: Die Besiegten. es 1324
- Fluchtpunkt. es 125
- Das Gespräch der drei Gehenden. es 7
- Der neue Prozeß. es 1215
- Notizbücher 1960-1971. 2 Bde. es 1135
- Notizbücher 1971-1980. 2 Bde. es 1067
- Rapporte. es 276
- Rapporte 2. es 444
- Der Schatten des Körpers des Kutschers. es 53
- Stücke I. es 833
- Stücke II. 2 Bde. es 910
- Die Verfolgung und Ermordung Jean Paul Marats ... es 68

Sinclair (P. Weiss): Der Fremde. es 1007

Peter Weiss im Gespräch. Hg. von R. Gerlach und M. Richter. es 1303

Wellershoff: Die Auflösung des Kunstbegriffs. es 848

Die Wiederkehr des Körpers. Hg. von D. Kamper und C. Wulf. es 1132

Wippermann: Europäischer Faschismus im Vergleich 1922-1982. NHB. es 1245

Wirz: Sklaverei und kapitalistisches Weltsystem. NHB. es 1256

Wissenschaft im Dritten Reich. Hg. von P. Lundgreen. es 1306

Wittgenstein: Tractatus logico-philosophicus. es 12

Wünsche: Der Volksschullehrer Ludwig Wittgenstein. es 1299

Ziviler Ungehorsam im Rechtsstaat. Hg. von P. Glotz. es 1214